Wolfgang Boochs

Echnaton und Moses

Monotheismus und Aussatz

Der Autor

Dr. phil. Wolfgang Boochs, Jurist und Ägyptologe, Veröffentlichungen zur altägyptischen Rechtsgeschichte, zu Ägypten und der Bibel, zur koptischen Kirche und zum Steuer-, Gemeinnützigkeits- und Stiftungsrecht, Regierungsdirektor a.D., arbeitet als Rechtsanwalt und Steuerberater, Treuhänder zahlreicher gemeinnütziger Treuhandstiftungen.

Wolfgang Boochs

Echnaton und Moses
Monotheismus und Aussatz

ldib Verlag

Bibliografische Information der Deutschen Nationalbibliothek
Die Deutsche Nationalbibliothek verzeichnet diese
Publikation in der Deutschen Nationalbibliografie;
detaillierte bibliografische Daten sind im Internet
über http://dnb.ddb.de abrufbar.

www.oldib-verlag.de
Oldib Verlag Oliver Bidlo
Waldeck 14
45133 Essen
www.oldib-verlag.de
Umschlaggestaltung: Oliver Bidlo
Foto: Rama
Lizenz: http://creativecommons.org/licenses/by-sa/2.0/fr/deed.de
Fragment einer Echnaton-Statue im Louvre

Herstellung: BoD GmbH, Norderstedt

ISBN 978-3-939556-23-7

Inhalt

1. Einführung

Echnaton gilt als der erste Religionsstifter und Monotheist in der Geschichte der Menschheit. In Ägypten unterlag er nach seinem Tod einer „damnatio memoriae“. Sein Name und das Gedächtnis an ihn wurden ausgelöscht. Er war für die Ägypter ein Ketzer und Aussätziger genauso wie der biblische Moses und sein Monotheismus. Die heutige Zeit hat von beiden ein ganz anderes Bild. Egon Friedell beschreibt Echnaton in seiner Kulturgeschichte Ägyptens und des Alten Orientes als „erste Persönlichkeit, die greifbar vor uns steht. Alle Früheren verschwimmen im Nebel des Mythus oder sind unter dem Prozeß der historischen Verdichtung zu fleischlosen Gattungsbegriffen geworden. Echnaton aber ist unser Bruder, ja fast unser Zeitgenosse: die Ballade seines Lebens, wie sie durch geheimnisvolle Fernwirkung bis zu uns gelangt ist, ist mit unserem Blut geschrieben. Bei allen seinen Irrtümern und Schwächen war er etwas Ergreifendes, Einmaliges und Denkwürdiges, ein moderner Mensch auf einem uralten Thron.“[1]
Amenophis IV. – Echnaton – wird als „einer der größten Denker des Altertums“ bezeichnet als ein genialer Mann, der die Vielgötterei abschaffte und durch die Einsetzung einer monotheistischen Lehre einen der bedeutendsten Fortschritte im religiösen Denken bewirkte. Mit der ungeheuren Machtfülle ausgestattet, die ihm das Pharaonenamt gewährte, konnte er seine Ideen verwirklichen. Thomas Mann brachte die Genialität Echnatons in „Joseph der Ernährer“ auf den Punkt:
„Niemand war der Lehre von seinem unendlich fernen und dabei um jedes Mäuschen und Würmchen zärtlich besorgten Vater im Himmel, von dem die Sonnenscheibe nur ein vermittelndes Gleichnis war, und der ihm, Echnaton, seinem liebsten Kind, seines Wesens Wahrheit zuflüsterte, im geringsten gewachsen.“[2]
Sein Aussehen beschreibt er als das eines jungen vornehmen, hochmütigen und müden Engländers mit vollen Lippen und träumerischen Augen. Dabei lässt Thomas Mann Joseph, den Ägypter, als Zeitgenossen Echnatons auftreten. Joseph wird als Traumdeuter in die Lehre Echnatons eingewiesen und zieht Echnaton darauf in ein Gespräch über den Gott Abrahams. Rainer Maria Rilke schwärmt in einem Brief an Charlotte von Wedel geradezu von Echnaton:
„Was war das für ein Moment der Windstille in der großen ägyptischen Zeit? Welcher Gott hielt den Atem an, damit diese Menschen um den vier-

ten Amenophis so zu sich kamen? Wo plötzlich stammen sie her? Und wie schloss sich wieder, gleich hinter ihnen, die Zeit, die einem 'Seienden' Raum gegeben, es 'ausgespart' hatte!“[3]

Echnaton wird insoweit gerne mit einem anderen Religionsstifter der Antike, mit dem biblischen Moses, dem Stifter des jüdisch-christlichen Monotheismus, verglichen. Beiden ist vor allem gemeinsam, dass sie als Religionsstifter eine Glaubensrichtung vertraten, die monotheistisch war. Im Unterschied zu den Ideen Moses hatten Echnatons Ideen keinen Bestand, sondern sind bis zum 19. Jahrhundert in Vergessenheit geraten. Ein weiterer wichtiger Unterschied zwischen beiden besteht darin, dass es ich bei Echnaton um eine historische, d.h. mit Mitteln der Archäologie und der Geschichtsschreibung nachweisbare Persönlichkeit handelt, wohingegen die Historizität der Person Moses, vor allem durch die biblische Archäologie, in Zweifel gezogen wird. Insoweit lässt sich bei der Darstellung des Lebens und Werkes von Echnaton historisch gesehen von Wahrheit, bei der Darstellung des Werkes und Lebens Moses gesehen von Erinnerung oder Dichtung sprechen, weil es nach den neuesten Forschungen unwahrscheinlich ist, dass Moses eine historische Person gewesen ist, sondern es sich um ein literarisches Produkt des 7. Jahrhunderts handelt. Für diejenige, welche die Historizität Moses nicht infrage stellen, stehen Echnaton und Moses in einem besonderen Zusammenhang, z.B. in einer Art Lehrer-Schüler-Verhältnis, wobei sie den älteren Echnaton als Lehrer oder Meister, Moses als Schüler ansehen. Manchmal wurde Echnaton sogar mit Moses gleich gesetzt. Sigmund Freud kommt in seinem Spätwerk, seiner Schrift „Der Mann Moses und die monotheistische Religion“ sogar zu dem überraschenden und gewagten Schluss: „Wenn Moses, ein Ägypter war und wenn er den Juden seine eigene Religion übermittelte, so war es die des Echnaton, die Atonreligion“[4]. Und er sieht in Moses einen Anhänger Echnatons. Eine derartige Sicht der beiden großen Religionsstifter des Altertums ist, selbst wenn man von der Historizität Moses ausgeht, mit Sicherheit ein Wagnis. Es gibt jedoch viele Anzeichen dafür, dass Echnatons monotheistischer Glaube Judentum und Christentum beeinflusst hat, indem er die Idee für den Glauben an nur einen Gott prägte. Für eine derartige Sicht haben sich viele Wissenschaftler ausgesprochen, die sich mit der antiken Geschichte und den Religionen von Ägypten und Israel beschäftigt haben. So hat zum Beispiel Arthur Weigall[5] in seiner Biographie über Echnaton betont, dass keine andere Religion dem Christentum so nahe steht wie die Religion Echnatons. Als Indizien hierfür sieht er unter anderem den Vergleich des Strahlenatons mit dem christlichen Kreuz oder des Echnaton zugeschriebenen Sonnengesanges mit dem Psalm 104 und Franz von Assisi. Nach Ansicht von Weigall besteht zwischen der Religion Echnatons und den Lehren von Christus im Neuen Testament ein viel engerer Zusammenhang als in der von Abraham, Isaak und Jakob. Mit Sicherheit waren Echnaton sowie der biblische Moses mit der Formulierung ihrer monotheistischen Lehren den Auffassungen ihrer Zeit weit voraus. Dadurch liefen sie Gefahr, von der Masse ihrer Völker nicht verstanden zu werden. Für Echnaton ergibt sich dies vor allem aus der Tatsache, dass seine neue Lehre letztlich scheiterte. Moses starb, bevor er das Gelobte Land erreichte, nach Ansicht von Freud soll er sogar von den eigenen Leuten ermordet worden sein. So blieben viele Ägypter ihren traditionellen Glaubensvorstellungen treu und kehrten nach dem Tod Echnatons zu ihren Göttern und Kulten zurück. Die Erinnerung an Echnaton, als „Ketzerkönig“ verfemt, wurde ausgelöscht. Damit war die Zeit des historischen Echnaton anders als die des biblischen Moses nur ein Intermezzo innerhalb der ägyptischen Geschichte, das jedoch weiter wirkte bis ins Juden- und Christentum hinein.

Um die beiden Religionsstifter vergleichen zu können, ist es wichtig, sich mit ihren Biographien und mit den Gemeinsamkeiten ihres religiösen monotheistischen Gedankenguts zu beschäftigen. Dies soll im Folgenden geleistet werden.

2. Biographie Echnatons, der Ketzerkönig

2.1 Allgemeines

Echnaton war mit Sicherheit ein außergewöhnlicher und ungewöhnlicher Pharao, der alle seine Vor- und Nachfolger an Faszination übertraf. Er erhob Aton in Gestalt der Sonnenscheibe zu seinem alleinigen Gott und erbaute in seinem fünften Regierungsjahr für ihn eine neue Hauptstadt in Mittelägypten: „Achet-Aton“ (Horizont des Aton) oder auch Amarna genannt. Amarna liegt in der mittelägyptischen Provinz Al-Minia auf der Ostseite des Nils, etwa 312 Kilometer von Kairo. Sie zählte damals 50.000 bis 100.000 Einwohner. Der Stadtbezirk Amarnas war abgesteckt durch insgesamt 14 Grenzstelen (drei auf dem Westufer sowie elf auf dem Ostufer des Nils). Die Stadt Achet-Aton sollte nach dem Willen ihres Erbauers eine Ewigkeit bestehen, sie sollte dauern „bis der Schwan schwarz und der Rabe weiß wird, bis die Berge aufstehen zu wandern und das Wasser bergan fließt.“[6] Seine Regierungszeit war geprägt durch eine nach innen gerichtete Politik und einen besonderen Kunststil, den Amarna-Stil.

2.2. Geburt und Kindheit Echnatons, sein äußeres Erscheinungsbild[7]

Das genaue Geburtsjahr Amenophis IV. (wie Echnaton auch genannt wurde) ist uns nicht bekannt. Seine Eltern waren Amenophis III. (1400-1351 v. Chr.) und dessen Große Königliche Gemahlin Teje, die Tochter des Rindervorstehers und Propheten des Gottes Min, Juja und seiner Frau Tuja, die aus der mittelägyptischen Stadt Achmim stammten. Mit zwölf Jahren, im Jahre 1388 v. Chr., nach dem Tod seines Vaters Thutmosis IV. wurde Amenophis III. König von Ägypten. Zunächst wurde er bei seiner Regentschaft von seiner Mutter Mut-em-uia unterstützt. Die Regentschaft verlief erst sehr friedlich, die Reichsgrenzen blieben ruhig, bis zu einem Aufstand im Süden Ägyptens, in Nubien in seinem fünften Regierungsjahr, der von Meri Mose, dem „Königssohn von Kusch“ niedergeschlagen wurde. Die Heirat Amenophis III. mit Teje stellte einen Bruch der bisherigen traditionellen königlichen Heiratspraxis und damit einen ungewöhnlichen Vorgang dar. Traditionell kamen als Ehefrauen des Pharaos nur Prinzessinnen von königlichem Geblüt infrage. Teje gebar Amenophis III. zwei Söhne, Thutmosis und Amenophis sowie vier Töchter, Sat-Amun, Isis, Henut-taneb und Nebet-iah. Teje war eine starke Frau, die schon bald eine bedeutende Rolle im ägyptischen Staat einnahm. Die Regierungszeit Amenophis III. war weitgehend friedvoll und von großem Prunk und Pracht in der privaten Lebensführung des Königspaars begleitet. So ließen sie im Süden Thebens in Malkata eine prächtige und monumentale Palastanlage erbauen. In die Regierungszeit Amenophis III. fiel die Erbauung weiterer wichtiger Bauanlagen wie der Bau des Luxortempels durch Amenophis, Sohn des Hapu. Auf der thebanischen Westseite entstand für den Herrscher ein mit Kolossalstatuen geschmückter Totentempel. Von diesem Tempel sind die 20 Meter hohen Sitzstatuen des Pharaos bis heute erhalten. Diese galten in der Antike als Abbilder des äthiopischen Sagenkönigs Memnon und sind als Memnon-Kolosse eine heutige Touristenattraktion. Amenophis III. erwies sich als geschickter Diplomat, der durch diplomatische Heiraten mit den Königshäusern der Nachbarstaaten dauerhafte, friedvolle Beziehungen zu seinen Nachbarn schuf. So holte er die Prinzessin Giluchepa, die Tochter des Mitannikönigs Schuatarna in seinen königlichen Harem, dazu zahlreiche Fürsten- und Königstöchter, unter ihnen auch eine Prinzessin aus Babylon. Gegen Ende seiner Regierungszeit heiratete er noch die junge Prinzessin Taduchepa, Tochter des Mitannikönigs Tuschratta. Dieser suchte eine diplomatische Annäherung an Ägypten, weil die Hethiter unter ihrem König Suppiluliama I. (1355-1320 v. Chr.) sein Königsreich bedrohten. Im 30. Regierungsjahr von Amenophis III. starb unerwartet sein ältester Sohn und Kronprinz Thutmosis. Er war als sein Nachfolger vorgesehen, hatte in Memphis eine militärische Ausbildung durchlaufen und war zum Truppenkommandanten ernannt worden. Anschließend übernahm er priesterliche Aufgaben am Tempel des Ptah in Memphis. Nach dem Tod von Thutmosis wurde sein jüngerer Bruder Amenophis zum Thronfolger bestimmt. Amenophis III. verbrachte seine letzten Regierungsjahre bis zu seinem Tod im 38. Regierungsjahr überwiegend in Malkata. Dort feierte er noch drei Regierungsjubiläen, sogenannte Sedfeste in seinem 30., 34. und 37. Regierungsjahr. Seine weitgehend unbeschwerte Jugend verbrachte Amenophis IV. zusammen mit seinen Geschwistern im Königspalast seiner Eltern in Malkata am Westufer von Theben. Er wird sich wie alle anderen Prinzen vor ihm in Memphis aufgehalten haben. Dort genoss er wie sein älterer Bruder Thutmosis eine militärische Ausbildung, pflegte aber wahrscheinlich auch Kontakte zu der Priesterschaft des Sonnengottes Re im nahegelegenen Heliopolis und zu dessen Sonnenkult. Deshalb liegt es nahe, dass Amenophis IV. schon in

jungen Jahren ein spezielles Interesse an religiösen und theologischen Fragen und Spekulationen entwickelte. So wurde vor allem in religiösen Texten und Hymnen aus dieser Zeitepoche, so z.B. in dem Hymnus der Brüder Hor und Suti, das wohltätige Wirken der Sonne als wesentliche Kraft für die Erhaltung der Weltordnung herausgestellt.
Befremdlich ist das äußerliche Erscheinungsbild Echnatons, soweit es uns aus Abbildungen überliefert ist. Dabei ist ungeklärt, ob es sich dabei um realistische Abbildungen handelt oder um eine besondere Stilform der Abbildung, die in dem neuen Aton-Kult begründet ist. Echnaton war zumeist in abstoßender Weise mit überschmalem Gesicht, einer langen Nase, schräg sitzenden Augen, wulstig aufgeworfenen Lippen, einem dünnen Hals und fetten Oberschenkeln dargestellt.[8] Heinrich Schäfer beschrieb 1931 sein Missempfinden beim Anblick Echnatons mit folgenden Worten: „Jeder, der zuerst vor gewisse dieser Bilder tritt, wird fast zurückprallen vor dem Ausbund von körperlicher Hässlichkeit. Der Kopf schwebt auf einem langen, dünnen Hals. Die Brust ist eingesunken und hat doch fast weibliche Formen. Unter einem aufgetriebenen Bauch und fetten Oberschenkeln stehen dünne Waden, die zu Spinnenarmen passen. Das Gesicht zeigt tiefe Furchen, eine weit zurückfliehende Stirn und ein kraftlos hängendes Kinn."[9] Auguste Mariette, der französische Ägyptologe, erinnert die Darstellung Echnatons an die Darstellung eines Eunuchen. Mariette vermutet, dass Echnaton nach seiner Heirat mit Nofretete bei einer kriegerischen Unternehmung in Nubien in Gefangenschaft geraten und von den Nubiern verstümmelt und kastriert worden sei, wie es bei einigen ihrer Stämmen in dieser Gegend Brauch war. Prominente Pathologen vertraten Anfang des 20. Jahrhunderts die Auffassung, dass Echnaton wie auch seine Töchter aufgrund der Darstellungen an dem Fröhlichen Syndrom litt, einer Fehlfunktion der Hypophyse, die zu Impotenz, geistiger Zurückgebliebenheit und äußerlich zu einem Wasserkopf führt.
Diese Auffassung wurde von Aldred in seiner Biographie über Echnaton übernommen. Schließlich wurde auch an einen anderen genetischen Defekt das „Marfan-Syndrom" gedacht, bei dem das Längenwachstum von Armen und Beinen sowie von Fingern und Zehen gestört ist. Eine Aufklärung hierüber könnte nur eine DNA-Analyse der Mumie Echnatons ergeben. Nur durch eine Untersuchung der Mumie ließe sich letztlich entscheiden, was in den Darstellungen Echnatons auf künstlerischer Stilisierung und was auf seiner Physis beruht. Momentan können wir deshalb nur davon ausgehen, dass es sich bei den Abbildungen Echnatons und seiner

Familie nicht um realistische, individuelle Darstellungen eines wohl kranken, an Anomalien leidenden Pharaos handelt, sondern eher um Formmittel, die den religiösen Umbruch ausdrücken und die Einzigartigkeit Echnatons als Allschöpfer und Gott darstellen sollten, vergleichbar mit den expressionistischen Darstellungen in der Malerei der Neuzeit. Bemerkenswert ist auch, dass keine der späteren Nachfolger Echnatons versucht hat, wie sonst üblich, sich Skulpturen Echnatons anzueignen. Gründe hierfür waren nicht nur die Überzeugung von der Illegitimität der Regierung Echnatons, sondern auch die Abneigung Echnaton ähnlich zu sehen.

2.3. Echnaton, seine Königsnamen[10]

Echnaton hatte wie jeder altägyptische König des Neuen Reiches insgesamt fünf Namen. Diese hatte er bis auf den Geburtsnamen bei seinem Regierungsantritt angenommen. Sie galten als eine Art Regierungserklärung, welche die besonderen politischen und religiösen Schwerpunkte benannten. Der Geburtsname des Königs war der Name des Königs als Sohn des Sonnengottes Re (s3 Rc Name), unter dem der König uns vor allem über die Griechen bekannt wurde. Echnatons S3 Rc Name lautete: „Im-n-htp“ = „Amenophis“, was bedeutet: „Amun ist zufrieden“. Der zweite Königsname war der Thronname, der sogenannte „Niswt bity“ Name, der Name als weltlicher Herrscher über Ober- und Unterägypten. Er lautete „Nfr-hprw Rc, wc-n-Rc“ = „mit vollkommenen Gestalten, Einziger des Re“, der sich auch nach seinem Umzug nach Amarna nicht änderte. Der dritte Königsname war der Horusname: „K3 nht k3 sntj“ = „starker Stier, mit hohem Federpaar“. Der vierte Name des Königs war der sogenannte „Nebti“-Name, der Name der beiden Schutzgöttinen von Oberägypten, der Geiergöttin Nechbet und der Schlangengöttin Uto: „wr-niswt-m-ipt-swt“ = „Groß an Königstum in Karnak“. Der fünfte und letzte Königsname, der sogenannte Goldhorusname lautete: „Wts ch3w m iwnw smc“ = „Der die drei Kronen erhebt in Süd Heliopolis“.

Zeitgleich mit der Gründung seiner Stadt Achet-Aton[11] änderte Echnaton seine Königstitulatur, soweit sie mit den Bezeichnungen traditioneller, von ihm verfemten Gottheiten gebildet war. Seinen Geburtsnamen „Amenhotep, Imn- htp“, der aus dem Namen des verhassten Gottes Amun gebildet war, wechselte er vollständig aus und änderte ihn in „Ach-n-Itn“, „dem Aton wohlgefällig“, der den König nunmehr als Verkünder seines Gottes Aton auswies, dessen Aufgabe es war, ihm zu huldigen und zu nüt-

zen. Eine nachweisliche korrekte Aussprache des Namens von Echnaton ist unsicher, da die altägyptische Sprache keine Vokale kennt. Der Name Echnatons wurde nach den neuesten Forschungen von Gerhard Fecht, der von der Aussprache Echnaton im Koptischen ausgeht, Achanjati“ oder „Amanchatpa“ gelesen. Außerdem wurden Lesarten wie Jitro, Jati oder Achenjati vorgeschlagen. Den zweiten Namen der Königstitulatur, den Thronnamen, behielt er bei, da, soweit er sich auf den Sonnengott Re bezog, sich durch seine Religion nichts änderte.
Beim Horusnamen, dem Namen des Königs, änderte er den auf den Gott Amun hinweisenden Beisatz „mit hohem Federpaar“ durch den Beisatz „geliebt von Aton“. Den Nebti-Namen „Groß an Königstum in Karnak“, dem Hauptkultort des Gottes Amun, änderte er durch Hinzunahme der neuen Königsresidenz Achet-Aton in „Groß an Königstum in Achet Aton.“ Schließlich wählte er einen Goldhorusnamen, „Der die drei Kronen erhebt in Süd Heliopolis und den Namen des Aton emporhebt,“ als Hinweis auf seine Verpflichtung den Namen des Atons in Ehren zu halten und sein Ansehen und seinen Ruhm zu erhöhen.

2.4. Seine Thronbesteigung[12]

Unklarheit besteht hinsichtlich des Zeitpunktes, an dem Echnaton den Königsthron bestieg. Die Jahre 1353, 1351 und 1340 v. Chr. werden als mögliche Daten genannt. Wahrscheinlich wurde Amenophis IV. in Theben gekrönt und verbrachte dort auch seine ersten Regierungsjahre. Unklar ist, ob er für vier bis zwölf Jahre zunächst Mitregent seines Vaters Amenophis III. in dessen letzten Regierungsjahren war. Als Argumente für eine Mitregentschaft werden von den Vertretern dieser Theorie, den Ägyptologen C. Aldred, E.F. Fairman sowie St. Wenig, angeführt, dass sich die Titel der beiden Könige entweder auf Ober- oder auf Unterägypten beziehen. Dies kann jedoch an der zu diesem Zeitpunkt herrschenden Rivalität zwischen Ober- und Unterägypten liegen. Auch wenn sich in einigen Textstellen der Name Amenophis III. und Echnatons zusammen befindet, so erscheinen die beiden Könige niemals nebeneinander mit den Machtemblemen des Königs. Darüber hinaus ist es schwer vorstellbar, dass sich Amenophis III. gegenüber den radikalen Gedanken seines Sohnes und den damit verbundenen Sturz des gesamten Werte- und Göttersystems in Ägypten indifferent und unbeteiligt verhalten hätte.

Die Mitregentschaft kann, wenn man sie überhaupt annimmt, höchstens ein Jahr bestanden haben, da sonst innenpolitisch einschneidende Ereignisse, insbesondere die Abschaffung aller Götter außer Aton, in die Zeit der Mitregentschaft fallen würden, so dass Echnatons Vater Amenophis III. maßgeblich an den revolutionären Umwälzungen beteiligt gewesen wäre. Davon kann jedoch nicht ausgegangen werden, da im Grab Amenophis III. Echnaton noch zusammen mit seiner Mutter Teje beim Opfer vor verschiedenen Gottheiten dargestellt wurde. Amenophis III. starb im Jahre 1352 nach einer Regierungszeit von 38 Jahren. Echnaton war zu diesem Zeitpunkt ca. zehn Jahre alt und sein natürlicher Nachfolger.

In den ersten Jahren seiner Regierung wurde Echnaton durch seine Mutter Teje sowie durch deren Bruder Eje, der später nach dem Tod Tutanchamuns selbst Pharao wurde, unterstützt. Teje verfügte über ausgezeichnete Verbindungen zu den asiatischen Verbündeten, insbesondere dem Mitannikönig Tuschratta, und war damit eine Garantin für die Kontinuität der ägyptischen Politik.

Der Einfluss von Teje und Eje auf den jungen Echnaton und damit der Einfluss der Juja Familie waren nach Ansicht von Maciejewski[13] derart groß, dass nicht Echnaton, sondern seine Mutter Teje und sein Onkel Eje die Fundamente für die Aton-Religion gelegt haben. Der Grund hierfür war nach Ansicht Maciejewski[14] ein machtpolitischer Zweck, insbesondere sollte dadurch der Makel der bürgerlichen Herkunft der Juja-Königinnen endgültig getilgt werden. Die Einführung der Aton-Religion soll kurzfristig gesehen der Legitimierung Nofretetes gedient haben, längerfristig sollen Teje und Eje die Bildung einer neuen Dynastie geplant haben. Echnaton war in diesen Jahren mehr Marionette als souveräner Herrscher. Erst nach seinem Umzug nach Achet-Aton im Alter von 15 Jahren hat Echnaton erstmals die Zügel der Macht ergriffen. Meines Erachtens wird der Einfluss von Teje und Eje auf Echnaton damit nicht richtig wiedergegeben. Es ist durchaus als normal anzusehen, dass in Fällen von Kindkönigen, die Regierungsgeschäfte von dem überlebenden Elternteil oder von engen Verwandten wahrgenommen wurden. Das galt bereits für Amenophis III., der ebenfalls nach dem frühen Tod seines Vaters Thutmosis IV. in kindlichem Alter auf den Thron kam und für den seine Mutter Mutemwia, ebenfalls ein Mitglied der Juja-Familie, über ein Jahrzehnt die Regierungsgeschäfte ausübte, ohne dass man ihr besonderen Machthunger oder -instinkt nachsagen könnte. Teje führte in den fünf Jahren zwischen dem Tod ihres Ehemannes Amenophis III. und des Umzuges nach Achet-Aton

im Wesentlichen die von ihrem verstorbenen Ehemann begonnenen Vorhaben fort. Dies gilt sowohl für die Tempelbauten in Karnak als auch für die Religionspolitik, in deren Mittelpunkt schon bei den Vorgängern Echnatons Thutmosis IV. und Amenophis III. eine Hinwendung zur Sonnentheologie und zu Aton stand. Insoweit kann man nicht davon sprechen, dass Teje und Eje nach dem Tod Amenophis III. aus machtpolitischen Zwecken das riskante Wagnis einer solaren Kulturreform eingegangen seien. Nach dem Umzug nach Achet-Aton hatte Echnaton die Zügel, was die Religionspolitik anging, fest in die eigenen Hände genommen, ohne dass danach ein besonderer Einfluss von Teje und Eje sichtbar würde. Auch der Einfluss Nofretetes wird insoweit überschätzt. Dies gilt insbesondere für die letzten Regierungsjahre und die Zeit nach dem Ableben Echnatons.
Die These Maciejewskis[15], dass Nofretete Echnaton überlebt hat, wird von den meisten Ägyptologen nicht geteilt. Sie weisen darauf hin, dass der Name Nofretetes nach dem zwölften Regierungsjahr Echnatons nicht mehr auftaucht, stattdessen der Name der ältesten Tochter Merit-Aton, zu der Echnaton auch eine inzestuöse Beziehung unterhielt. Insoweit kann Nofretete auch nicht als Absenderin des Briefes in Frage kommen, mit dem diese nach Ansicht Maciejewski[16] den Hethiterkönig um Sendung eines Sohnes für eine Heirat nach dem Tod ihres Ehemannes erbeten haben soll. Wahrscheinlicher ist, dass es sich um Merit-Aton handelte, die nach dem Tod von Semench-Ka-Re ohne Ehemann dastand. Nach Ansicht von Maciejewski soll Teje nach dem Tod ihres Ehemannes Amenophis III. mit Mitte vierzig ein inzestuöses Verhältnis zu ihrem Sohn Echnaton unterhalten haben, aus dem eine Tochter Baketaton hervorgegangen ist. Nach der Thronbesteigung geschah zunächst nichts, was ungewöhnlich war und auf die gewaltigen Umwälzungen in den Folgejahren hindeutete. Amenophis IV. führte insbesondere die von seinem Vater begonnenen Bauten an den Tempeln von Karnak und Soleb fort. Außerdem übernahm er die gesamte Beamtenschaft seines Vaters. Die ersten Anzeichen für Veränderungen wurden jedoch sichtbar im ersten Regierungsjahr bei der Geburt seiner ersten Tochter, die den Namen „Merit-Aton“, „Liebling des Atons“, erhielt. Auch das erste Bauwerk, das Amenophis IV. in Karnak, dem Zentrum des Reichsgottes Amun, errichten ließ, war nicht Amun gewidmet, sondern der Erscheinungsform der Tagessonne, Re-Harachte-Aton. In seinem dritten Regierungsjahr beauftragte Amenophis IV. Mai, den mächtigen Hohepriester des Reichsgottes Amun von Karnak, damit, eine Expedition in die östliche Wüste, in das Wadi Hammamat, zu unternehmen. Da-

mit entledigte er sich seines wahrscheinlich größten Widersachers, der sich der Durchführung seiner revolutionären Pläne mit Sicherheit widersetzt hätte, weil sie zu seinem Machtverlust und insbesondere zu einem Machtverlust des bislang unumschränkt herrschenden Reichsgottes Amun geführt hätte. Im gleichen Jahr ließ Echnaton für seinen Gott Aton im Bezirk des Reichstempels von Karnak einen riesigen Tempel errichten. Dieser bestand aus kleinen, nur ca. 52 x 26 x 26 Zentimeter großen, „Talatat" genannten, reliefgeschmückten Steinblöcken. Die Steine waren mit Reliefdarstellungen in den für den Amarnastil typischen verfremdeten Darstellungen von Personen insbesondere der Königsfamilie verziert. Aus diesem Tempel stammen auch die Monumentalstatuen Echnatons, die sich heute im Ägyptischen Museum in Kairo befinden. Die Tempelanlage benannte er „Per-Aton", „Haus des Aton". Die Anlage bestand aus mehreren Aton gewidmeten Komplexen wie z.B. das „Gem-pa-Aton" („Aton ist gefunden"). In der Mitte der Tempelanlage errichtete er einen Obelisken. Insgesamt übertraf der Aton geweihte Tempelkomplex an ummauerter Fläche alle bisher in Ägypten ausgeführten sakralen Bauten. Im vierten Regierungsjahr beschloss Echnaton, seine alte Residenz in Theben zu verlassen und am Ostufer des Nils in Mittelägypten eine neue Residenz und für seinen Gott Aton ein religiöses Zentrum zu errichten. An diesem Ort sollten Geist und Präsenz der alten Gottheiten endgültig überwunden werden. Den Ort fand er auf dem halben Weg zwischen den beiden Residenzstädten Theben und Memphis, wo er in nur zwei Jahren ein völlig neues Zentrum für sich und seinen Gott Aton errichtete. Die Stadt benannte er nach ihm „Achet-Aton", „Horizont des Aton." Mit dieser Entscheidung leitete Echnaton eine religiöse Revolution ein, die Ägypten bis in seine Grundfesten erschüttern sollte. Bei all seinen Entscheidungen stand seine Familie fest hinter und zu ihm. Gleichzeitig mit der Stadtgründung änderte Echnaton nicht nur seinen Namen, sondern er ersetzte den alten Beamtenapparat seines Vaters Amenophis III. sowie das Heer durch ihm Untergebene oder durch Ausländer, von denen er annehmen konnte, dass sie ihm und seinem Gott Aton treu ergeben waren und seine Befehle bedingungslos ausführten. Zugleich beschäftigte er ein Heer von Steinmetzen allein mit der Aufgabe, überall im Lande die Namen der alten Gottheiten zu tilgen und durch den Namen seines Gottes Aton zu ersetzen. Sogar auf den höchsten Obelisken ließ er den Namen des verhassten Gottes Amun auslöschen.

2.5. Die Familie Echnatons[17]

Eine der berühmtesten Familien des Altertums war die Königsfamilie von Echnaton und seiner Gemahlin Nofretete. Bereits vor seiner Krönung heiratete Echnaton Nofretete. Mit der Eheschließung verstieß er wie bereits vor ihm sein Vater Amenophis III. durch seine Eheschließung mit seiner Mutter Teje gegen das weibliche Erbfolgegesetz, wonach die Tochter eines Pharaos und dessen Großer Königlicher Gemahlin einzig den Herrschaftsanspruch des Thronfolgers legitimieren konnte. Nach der Tradition hätte Echnaton seine (!) Schwester Sat-Amun heiraten müssen.
Über die Herkunft Nofretetes und ihre Familie ist nichts Genaues bekannt. Wahrscheinlich ist, dass Nofretete eine Tochter des späteren Pharaos Eje war und aus der in Achmim ansässigen Adelsfamilie von Juja und Tuja stammte. Jujas Schwester Mutemwia wurde nach Ansicht von Maciejewski[18] Haremsdame und später Gemahlin von König Thutmosis IV. und Mutter von Amenophis III. Nach Ansicht anderer Ägyptologen soll es sich bei Mutemwia um eine mitannische Prinzessin gehandelt haben. Juja und Tuja hatten eine Tochter Teje, die Königsgemahlin von Amenophis III. wurde, sowie zwei Söhne, Anen, der als „zweiter Prophet des Amun“ eine hohe Stellung in der thebanischen Priesterschaft innehatte, und Eje. Gesichert ist nur, dass Nofretetes Amme die Hofdame Tiji war. Von ihr fand man im Grab ihres Ehemannes Eje eine Inschrift, die sie als königliche Amme und Erzieherin Nofretetes ausweist. C. Aldred vermutet in seiner Abhandlung über Echnaton, dass Eje vor seiner Ehe mit Tiji schon einmal verheiratet war. Aus dieser Verbindung sei Nofretete hervorgegangen. Deren Mutter sei jedoch im Kindbett verstorben, und Eje hat in zweiter Ehe Tiji geheiratet, die dann Nofretete aufgezogen hat. Nofretete hatte eine jüngere Halbschwester mit Namen Mut-nedjimet, die in Inschriften aus Amarna als Schwester der Königin bezeichnet wird. Diese heiratete den späteren Pharao Haremhab. Durch ihre Heiratspolitik, die Verheiratung ihrer Töchter mit den Königen sowie durch Eje, der selbst König wurde, erhielt die Familie um Juja einen großen Einfluss in Ägypten, vor allem auf die Regierungsgeschäfte sowie auf die Religion.
Echnaton und Nofretete hatten sechs Töchter: Meritaton, Maketaton, Anchesenpaaton, Neferneferuaton, Neferneferrure und Setepenre.
Die drei ältesten Töchter Merit-Aton, Maket-Aton und Anches-en-pa-Aton wurden während der ersten Regierungsjahre ihres Vaters noch in Theben geboren, die jüngeren Prinzessinnen dagegen in Amarna zwischen

dem achten und zwölften Regierungsjahr des Echnatons. Ebenso wie ihre älteren Schwestern werden sie im Gefolge ihrer Eltern auf Reliefs dargestellt, traten darüber hinaus jedoch im öffentlichen Leben nicht in Erscheinung.

Die älteste der Töchter Merit-Aton wurde gegen Ende des ersten Regierungsjahres Echnatons geboren. Bereits auf den Reliefdarstellungen des Aton-Tempels in Karnak ist sie als kleines Kind abgebildet im Gefolge ihrer Mutter mit einem Sistrum in der Hand. Später erschien Merit-Aton bei öffentlichen politischen Festtagen, wie z.B. bei der Einweihung der neuen Metropole Achet-Aton sowie beim Empfang der ausländischen Gesandten der politischen Vasallenstaaten im zwölften Regierungsjahr Echnatons. Als ein Jahr später ihrer Mutter Nofretete aus dem öffentlichen Leben verschwand, übernahm Merit-Aton die führende Rolle ihrer Mutter. Echnaton ernannte sie zur Königsgemahlin. Es ist unklar, ob diese Ehe auch tatsächlich vollzogen wurde. Wahrscheinlicher ist es, dass die Verleihung des Titels Königsgemahlin rein formeller Natur war und bezweckte, die durch das Verschwinden von Nofretete aus der Öffentlichkeit entstandene Lücke zu schließen. Es ist jedoch davon auszugehen, dass sie als erste Frau im Staat angesehen wurde. Dies ergibt sich daraus, dass in den Palästen der Hauptstadt der Name der Nofretete aus repräsentativen Gründen gelöscht und durch den Namen Merit-Aton ersetzt wurde.

Maket-Aton war die zweitälteste Tochter Echnatons und Nofretetes. Sie starb bereits im jugendlichen Alter mit zwölf oder 13 Jahren, wahrscheinlich im Wochenbett. Auf einem Relief, das sich in ihrem Grab befindet, ist ein Begräbniszug dargestellt, bei dem eine Amme ein Baby auf dem Arm trägt. Ein Wedelträger fächelt ihm frische Luft zu, was den hohen Rang des Babys dokumentiert und es als zur Königsfamilie zugehörend ausweist. Im unteren Register dieses Reliefs sind Echnaton und Nofretete als trauernde Eltern am Totenbett ihrer Tochter dargestellt. Diese Szene wird dahingehend interpretiert, dass Maket-Aton ein Kind zur Welt gebracht hatte, die Geburt jedoch nicht überlebte. Die dritte Tochter Echnatons und Nofretetes, Anches-en-pa-Aton wurde kurz vor dem Umzug der Herrscherfamilie in der neuen Residenzstadt Achet-Aton im fünften oder sechsten Regierungsjahr Echnatons geboren. Ob Echnaton auch diese Tochter heiratete, ist umstritten. Jedenfalls war sie die Ehefrau von Tutanchamun und änderte nach der Wiederherstellung der alten Ordnung und der Wiedereinsetzung des Amun Kultes ihren Namen in Anches-en-pa-Amun. Das Schicksal der drei jüngeren Töchter ist unbekannt,

möglicherweise wurden sie zu Opfern der in Ägypten grassierenden Pestepidemie. Die Darstellung der königlichen Familie unter dem Strahlen Aton bildete ein zentrales Thema für die sogenannte Amarnakunst. Hierbei sind drei Hauptszenen zu unterscheiden. Die eine zeigt das Königspaar mit seinen Kindern beim Aton-Kult, die zweite bildet Szenen aus dem Privatleben der Königsfamilie ab und die dritte Variante zeigt Darstellungen der königlichen Familie aus dem politischen Leben, wie z.B. bei einem Tributempfang aus dem zwölften Regierungsjahr Echnatons.
Bekannt sind auch die Reliefdarstellungen, die König Echnaton gemeinsam mit seiner Großen Königlichen Gemahlin Nofretete beim trauten Beisammensein und im Spiel mit den Töchtern zeigt. Derartige Szenen, in denen Echnaton und Nofretete als liebendes Ehepaar und treusorgende Eltern ihrer insgesamt sechs Kinder gezeigt werden, scheinen eher ins Privatleben der königlichen Familie zu gehören, als öffentlich zur Schau gestellt worden zu sein. So ist zum Beispiel auf einem kleinen Gedenkstein dargestellt, wie Nofretete ihrem Gemahl einen Perlenkragen anlegt. Die Gesichter der beiden sind einander zugewandt und drücken das innige Verhältnis des Paares zueinander aus. In einer weiteren Szene sieht man Nofretete und ihren Gemahl beim Spiel mit den Kindern. Auf dem Fragment eines Altarreliefs aus Achet-Aton[19] sind Echnaton dahinter seine Gemahlin Nofretete und ihre Tochter Merit-Aton beim Kult des einzigen Gottes Aton abgebildet. Der obere Teil des Reliefs fehlt, doch der Sonnenball, von dem die teilweise erhaltenen Strahlenhände ausgehen, ist oberhalb der Strahlen sich vorzustellen. Die Sonnenstrahlen erfüllen den offenen Sonnentempel und scheinen nach den ihnen dargebotenen Opfergaben zu greifen. Links neben der Figur des Echnatons sind Opfergaben zu sehen, die dem Aton auf einem kleinen Altar dargeboten werden, während Echnaton und Nofretete mit zum Gebet erhobener Hand den Gott preisen. Eine der Strahlenhände hält ein Lebenszeichen, ein Anch-Zeichen, an die Nase des Königs, eine ikonographische Einzelheit, die aus der traditionellen Symbolik übernommen wurde. Dass der König die wichtigste Persönlichkeit auf dem Bild ist, zeigt sich an der Größe seiner Darstellung. Er trägt die blaue Krone, die ebenso wie die Menschen verformt, und langgezogen wiedergegeben ist. Die Wiedergabe des königlichen Gesichtes entspricht der des typischen Amarnastils, und der Körper ist auf zweidimensionaler Ebene entsprechend den Statuen des Königs gestaltet, bei der die herkömmlichen Formen aufgelöst und durch unproportionierte und eine weiche Linienführung ersetzt werden. Der Oberkörper weist eine fast

weibliche Brustform auf, die Taille ist schmal, der Bauch wölbt sich vor. Nofretetes Gestalt weist in Grenzen dieselben extremen Körpermerkmale auf wie die des Königs, dessen künstlerische Darstellungsform für die Königsfamilie verbindlich war. So ist auch die Prinzessin Merit-Aton mit der Jugendlocke, die hinter ihrer Mutter steht und das Sistrum hält, in der gleichen, die normalen Körperformen entstellenden Weise abgebildet. Zahlreiche Reliefs von Hausaltären, die die königliche Familie beim trauten Zusammensein im Familienkreis abbilden, fanden sich in den Privathäusern von Achet-Aton. Auf einem derartigen Hausaltar aus dem Haus des Pa-nehesi sitzt das Königspaar unter dem segnenden Strahlenaton in einer Laube, die beiderseits durch schlanke Säulen begrenzt ist. Nofretete und Echnaton sitzen sich auf mit Kissen gepolsterten Hockern gegenüber. Die mit Sandalen bekleideten Füße ruhen auf niedrigen, ebenfalls gepolsterten Fußschemeln. An Nofretetes Sitz ist das Symbol des Sema-Taui, der Reichseinigung, zu erkennen, das aus ineinander verschlungenen Lotos- und Papyrusstengeln besteht, aber keine Götterdarstellung enthält. Hinter Echnaton stehen aufgereiht acht Amphoren mit Getränken. Nicht in stolzer Erhabenheit ist das Königspaar abgebildet, sondern beim Spiel mit seinen drei ältesten Töchtern, die noch als kleine Kinder dargestellt sind. Echnaton liebkost Merit-Aton, die mit dem Finger auf ihre Mutter zeigt, welche Maket-Aton auf dem Schoß hält und mit ihr spricht, während das kleine Mädchen seinerseits auf Vater und Schwester zeigt. Die Kleinste, Anches-en-pa Aton, hält sich irgendwie am Oberkörper ihrer Mutter fest und spielt mit der Kobra am Kronengehänge ihrer Mutter. Dies ist eine sehr idyllische, friedliche und liebevolle Familienszene, die den Menschen von Achet-Aton zum einen programmatisch die religiöse Lehre Echnatons auf einfache Weise vor Augen führen sollte und zum anderen die Götterfamilien ersetzte. Die Darstellungsweise aller Personen entspricht in diesem Beispiel dem Frühstil der Amarnakunst mit seinen weichen und zerfließenden, dabei aber unnatürlich verzerrenden Formen, der für die Reliefs der Hausaltäre maßgeblich war und die heilige Familie von den normalen Menschen auch äußerlich absetzen wollte.
Derartige Reliefabbildungen der Königsfamilie fanden sich im Mittelpunkt der Hausaltäre in Privathaushalten Achet-Atons. Dies zeigt deutlich, dass es sich bei solchen Privatszenen keinesfalls um eine befremdliche Zurschaustellung des königlichen Privatlebens handelt, sondern dass diese Bilder religiösen Zwecken dienten. Die ägyptische Bevölkerung, durch die Einführung des monotheistischen Aton-Glaubens der Mythen, die von

Göttern erzählten und ihrer traditionellen Hausgötter beraubt, an die sie sich bisher mit ihren Bitten und Gebeten wenden konnten und die sie vor Unheil schützten, erhielt als Ersatz die königliche Familie, die damit Ziel der religiösen Verehrung des Volkes wurde. So war Nofretete gleichsam eine Ersatzgöttin und nahm insoweit an der Göttlichkeit ihres Gemahls teil, war aber nicht Göttin im vollen Wortsinn. Zumindest in der Theorie und in der Öffentlichkeit betete die Bevölkerung die Mitglieder der Königsfamilie an, die damit zu ihren persönlichen Göttern wurden.
Die königliche Familie verkörperte damit das Idealbild einer konfliktfreien, pastoralen Familienidylle, in der die Leitmotive der Aton-Religion wie Liebe, Harmonie, Geborgenheit und Frieden realisiert sind. Ihre Handlungsmaximen und Wertvorstellungen, wie sie thematisch in den Werken der bildenden Kunst propagiert wurden, galten dem Volk als ethische Instanz.[20] Trotz dieser Familienidylle, in deren Mittelpunkt Nofretete stand, hatte Echnaton zahlreiche Nebengemahlinnen, von denen die bekannteste Kija war, die den Titel einer „Großen Geliebten Gemahlin" trug. Es ist vermutet worden, dass sie mit der Mitanniprinzessin Taduchepa identisch ist. Nach Ansicht von Maciejewski[21] verbirgt sich hinter Kija Echnatons älteste Schwester Sat-Amun. Mit ihr hatte Echnaton eine Tochter, nach Ansicht von Maciejeweski[22] war sie auch die Mutter von Tutanchamun, der im zwölften Regierungsjahr Echnatons geboren sein soll.
Danach verschwindet Kija von der Bildfläche Achet-Atons. Ihr Name wurde in den Beischriften zu ihren Bildnissen durch die der beiden ältesten Töchter Echnatons ersetzt. Sat-Amun wurde wie ihre Mutter Teje zunächst in dem Königsgrab von Amarna (AT 26) beigesetzt und später zusammen mit der Mumie Tejes von Tutanchamun in das Grab KV 55 ins Tal der Könige umgebettet. Die Mumie Tejes wurde anschließend nochmals an der Seite ihres wahren Ehemannes Amenophis III. in KV 22 beigesetzt und anschließend 300 Jahre später mit dessen Mumie in das Mumienversteck im Grab von Amenophis II. (KV 35) gebracht.
Nach Ansicht von Maciejewski[23] unterhielt Echnaton wie sein Vater Amenophis III., der mit seiner ältesten Tochter Sat-Amun den Sohn und späteren Pharao Semench-Ka-Re zeugte, zahlreiche Inzestbeziehungen (Vater/-Tochter-Inzest, Bruder/Schwester-Inzest sowie Mutter/Sohn-Inzest). Die inzestuösen Verhältnisse dienten nach Ansicht von Maciejewski[24] in erster Linie dem Machterhalt. Dazu ist zu sagen, dass der Inzest, insbesondere innerhalb der Königsfamilie in Ägypten als Mittel des Machterhalts ange-

sehen wurde und nicht wie in der heutigen von der christlichen Religion noch weithin geprägten Zeit aus dem Gesichtspunkt von Sitte und Moral. Um aus dem verhängnisvollen Netzwerk der Inzestfamilie herauszukommen, soll Nofretete nach dem Tod Echnatons den Hethiterkönig um einen Sohn zur Eheschließung mit ihr gebeten haben. Diese These setzt jedoch voraus, dass Nofrete ihren Ehemann überlebt hat, was vielfach bezweifelt wird.

2.6. Die Entwicklung des Sonnenkultes des Re zum Aton-Kult

Grundlage für die Entwicklung des Aton-Kultes war die Sonnentheologie in Ägypten. Schon von Beginn der ägyptischen Geschichte an spielte die Sonne und ihre Verehrung eine wichtige, zentrale Rolle in den Glaubensvorstellungen der Ägypter. Das Wirken der Sonne wurde als entscheidend für das Leben auf der Erde angesehen, und so blieb es nicht aus, dass die Ägypter der Sonne göttliche Kraft zuschrieben und sie in Form des Sonnengottes Re vergöttlichten. Bereits im Alten Reich wurde der Sonnengott zur wichtigsten Gottheit innerhalb des ägyptischen Pantheons. Die Pharaonen nahmen seit der 4. Dynastie, der Regierungszeit Cheops, in ihrem Thronnamen den Titel eines „Sohn der Sonne", „s3 Rc", an. In der nächsten Dynastie, der 5. Dynastie, erlebte die Verehrung des Sonnengottes Re einen ersten Höhepunkt, im Kult des Re von Heliopolis wurde Re zum Schöpfergott, der die Welt geschaffen hatte und dessen Wirken Garantie für das Funktionieren der Weltordnung sowie für das Leben der Menschen und der gesamten Natur war, die ihm untergeben waren.
Schon in der 5. Dynastie findet man Sonnentempel in offener Bauweise, um dem Licht der Sonne ungehinderten Zugang zu den Opferaltären zu gewähren – in gleicher Weise wie 1200 Jahre später in den dem Aton geweihten Tempeln in Amarna.
Der Kult um den Sonnengott Re bestand weiter im Mittleren Reich. Re war der Schöpfergott, der die Welt für Ägypten und seine Bewohner geschaffen hatte und den Pharao als Herrscher und seinen Vertreter auf Erden einsetzte. Dieses Verständnis vom Wirken des Sonnengottes kommt auch in den Texten des Mittleren Reiches zum Ausdruck, so z.B. in der Lebenslehre der Meri-Ka-Re:

„Wohlversorgt sind die Menschen, das Kleinvieh Gottes,
ihretwegen erschuf er Himmel und Erde,

und schuf die Luft, damit ihre Nasen leben,
ihnen zuliebe geht er im Himmel auf,
für sie erschafft er Pflanzen und Tiere, Vögel und Fische,
damit sie zu essen haben,
ihnen zuliebe lässt er es Licht werden,
um sie zu sehen fährt er am Himmel dahin.
Er errichtete sich eine Kapelle hinter ihnen, wenn sie weinen, hört er.
Er schuf ihnen Herrscher im Ei,
und Befehlshaber, um ihren Rücken zu stärken."

Zu Beginn des Neuen Reiches begann der Aufstieg des Gottes Amun zum Obersten aller Götter, zum Göttervater und zum Herrn der Maat, d.h. zum Herrn der Wahrheit, Gerechtigkeit und der Weltordnung. Der Gott Amun war volksnah, er konnte von jedem Ägypter angerufen werden, er war „Vater und Mutter zugleich für den, der ihn sich ins Herz gibt."[25] Seine Bedeutung wuchs noch dadurch, dass er mit anderen Gottheiten verschmolz und sie in sich aufnahm, z.B. den Sonnengott Re, mit dem er zu Amun-Re oder mit Min zu Amun-Min verschmolz.
Im Gott Amun-Re lebte die Sonnentheologie im frühen Neuen Reich weiter. So heißt es von Amun-Re in einer thebanischen Grabinschrift (Theben Grab Nr. 53):

„Ein Opfergebet an Amun Re, den Herrn von Karnak, Herrn der Ewigkeit,
Herrscher der Dauer.
Der Eine im Anbeginn, der Größte der Großen,
Urgott ohne seinesgleichen,
er ist der Große, der Menschen und Götter erschuf."

In Hymnen aus dem Neuen Reich wurde Amun-Re als einziger Gott und Weltschöpfer bezeichnet:

„Sei gegrüßt Re, Herr der Maat,
der seine Kapelle verbirgt, Herr der Götter,
Cheper in seiner Barke,
der befiehlt, und es entstehen die Götter,
Atum Schöpfer der Menschen,
der ihre Wesensart und ihren Unterhalt schafft.
Der das Flehen dessen erhöht, der in Bedrängnis ist,

wohlgeneigten Herzens gegenüber dem, der ihm zuruft."

Diese Hymnen, welche typisch für die Sonnentheologie des frühen Neuen Reiches sind, ähneln in ihrem Wortlauf dem Großen Sonnenhymnus Echnatons und nehmen diesen in vielen Textstellen vorweg. Es war Echnaton, der diese Sonnentheologie konsequent und kompromisslos zu Ende dachte, indem er Amun und alle übrigen Gottheiten aus dieser Theologie entfernte und seinen Gott Aton an ihre Stelle setzte. Da Amun und die anderen Gottheiten nur Aspekte und Erscheinungsformen seines Sonnengottes Aton waren, wurden sie letztlich überflüssig. Schon sein Großvater Thutmosis IV. sowie sein Vater Amenophis III. hatten im Rahmen einer erneuerten Sonnentheologie die Sonne verehrt und bereiteten damit den Weg für den Aton-Kult ihres Enkels bzw. Sohnes vor.
Mit dem Amtsantritt Thutmosis IV. (1397-1388 v. Chr.) wurde offiziell der Sonnenkult immer bedeutender. Dabei stand der tägliche Lauf der Sonne im Mittelpunkt des Denkens, der allein das Weiterbestehen der Menschheit sicherte. Der Aton-Kult hatte seine Wurzeln in der sogenannten „Neuen Sonnen-Theologie", die sich seit Beginn der 18. Dynastie stetig fortentwickelte hatte. Bereits zur Regierungszeit Amenophis III. (1388-1350 v. Chr.) hatte die Sonnenverehrung ein ungeheures Ausmaß erreicht. Parallel hierzu wurden jedoch auch die alten Gottheiten verehrt. So hieß es auf einem großen Skarabäus, den Thutmosis IV. herausgab: „Aton, der große Gott des Alls, dessen erhabene Stellung am Himmel ihm die Herrschaft über den gesamten Bereich sichert, den er überstrahlt."[26] Der Name Atons befand sich im Namen der königlichen Barke Amenophis III. und im Namen seines Königspalastes in Theben. Möglicherweise bestand auch eine Verbindung zum Sonnengott, der von den Mitanni oder Hethitern verehrt wurde. Gelegentlich sah man in dem Gott Min, dem in Koptos verehrten Zeugungs- und Schöpfergott, der vom Großvater des Echnatons Juja als Min-Priester verehrt wurde, ein Vorbild für Echnatons belebenden, allgemein schöpferisch tätigen Gott Aton. Zu Beginn seiner Regierungszeit hatte Echnaton noch den thebanischen Reichsgott Amun verehrt, worauf Darstellungen Echnatons beim Opfer vor Amun im Amuntempel in Karnak sowie im Tempel von Soleb in Nubien hindeuten. Der Umschwung unter Amenophis IV. begann mit dem Bau eines riesigen Atontempels, östlich vom großen Amuntempel in Karnak, unter auffälligem Bruch mit dem Stil der vorangegangenen Epochen in expressionistischen Übersteigerungen und Verzerrungen. Dies galt insbesondere für die Sand-

steinkolosse des Königs, die im Pfeilersaal des Atontempels in Karnak, dem „Gempaaton“, aufgestellt waren. Die genaue Lage dieses Atontempels in Karnak ist nicht bekannt. Es ist jedoch zu vermuten, dass er zum Sonnenaufgang orientiert war und damit ganz im Osten des Tempelbezirkes von Karnak lag.

Mit Aton wurde ursprünglich die physische Erscheinung der Sonne bezeichnet, die mit dem Sonnengott von Heliopolis zu Re-Harachte-Aton verschmolzen wurde. Bis zur Zeit Echnatons wurde der Sonnengott Re in der Form des Re-Harachte mit Menschenkörper mit Falkenkopf und der darüber befindlichen Sonnenscheibe verehrt. Aton verkörperte anfangs insoweit lediglich einen Aspekt des Gottes Re in Form der Sonnenscheibe.

Echnaton gab seinem Gott Aton schon bald in Anlehnung an die Königstitulatur einen formellen Namen, den vorher niemals ein ägyptischer Gott getragen hatte. Er lautete: „Es lebe Harachte, der im Horizont jubelte in seinem Namen Schu, welcher Aton ist.“ Dieser Name bildete eine Art Glaubensbekenntnis Echnatons.

Im dritten Regierungsjahr wurde dieser Name Atons von zwei Kartuschen umschlossen, wie sie zur Königstitulatur gehörten. Damit wurde der Herrschaftsanspruch Atons nachdrücklich unterstrichen. Sein ausführlicher Namen in den Kartuschen lautet: „Möge der gute Gott leben, dem die Wahrheit gefällt. Er ist der Herr alles dessen, was die Sonnenscheibe umkreist, Herr des Himmels und Herr der Erde, der große lebende Aton, der die beiden Länder erleuchtet. Möge der göttliche und königliche Vater leben als Re-Harachte, der da jubelt am Horizont in seiner Lichterscheinung als Aton. Er verleiht Leben für immer und ewig, der große, lebende Aton in seiner Jubelfeier“.[27]

Als im Laufe der Regierungszeit Echnatons dessen Aton Religion immer radikaler und kompromissloser wurde, ist der Kartuschennamen Atons im achten Regierungsjahr den Veränderungen angepasst worden. So wurde aus den Namen Atons „Es lebe Ra, Horus der beiden Horizonte, der sich am Horizont erfreut, in seinem Namen als Sonnenlicht, das Aton ist“ unter Änderung des auf den Gott Horus hinweisenden ursprünglichen Namens der neue Namen „Es lebe Ra, Herrscher der beiden Horizonte, der sich am Horizont erfreut, in seinem Namen als der Vater Ra, der als Aton kommt“.

Atons Herrschaft begann gleichzeitig mit der Echnatons. Er regierte danach als Gott zusammen mit Echnaton über Ägypten und feierte sogar königliche Erneuerungsfeste wie ein irdischer Herrscher, sogenannte Sedfes-

te. Ein Fest, das ansonsten zu Ehren des Königs und zur Erneuerung seines Königstumes alle dreißig Jahre begangen wurde.
Die Königsherrschaft seines Gottes Aton begann Echnaton wahrscheinlich mit der Feier eines derartigen Sedfestes. Danach setzte sich auch die Darstellungsform des „Strahlenatons“ als Sonnenscheibe mit königlicher Uräusschlange durch, von der sich Arme mit Händen zu der königlichen Familie ausstrecken, um ihr das Anch-Zeichen, das Lebenszeichen, an die Nasen von König und Königinnen zu halten. Die Bedeutung dieses Gestus ergibt sich aus einer Inschrift an der Decke des dritten Katafalks Tutanchamuns, wo es heißt: „Aton hält seine Strahlen schützend über dir, ihre Hände besitzen Heil und Leben. Deinen Gebeinen mögen sie zum Wohlergehen reichen.“
Mit der Glaubensreform veränderte er seinen Geburtsnamen in Echnaton: „Der dem Aton gefällt“. Die in Karnak gefundenen Kolossalstatuen, die sich im ägyptischen Museum in Kairo befinden, zeigen die religionspoltische Entwicklung in der Regierungszeit Echnatons. Als sie in Auftrag gegeben wurden, sollten sie nach der Vorstellung des Auftraggebers Echnaton auf die Ursprungs- und Schöpfergottheiten der Neunheit von Heliopolis Atum, Schu und Tefnut hinweisen. Hierin liegt religionspolitisch eher eine Rückkehr zu den Fundamenten der altägyptischen Religion und der sie symbolisierenden Götterwelt.

2.7. Das Wesen Atons[28]

Aton ist nicht eigentlich die Sonnenscheibe, sondern ein kosmologischer Gott, ein Lichtgott, das Licht, das in der Sonne ist und von ihr ausstrahlend die Welt am Leben erhält. Die Aton-Religion war dementsprechend eine Lichttheologie.
Hinter der Aton-Religion stand ein neues Weltbild, das alles Sein, die gesamte Wirklichkeit, auf das Wirken der Sonne zurückführt, die durch ihre Strahlung Licht und Wärme und durch ihre Bewegung die Zeit hervorbringt.[29] Atons Wesen wird verkörpert in der Schöpfungskraft des Lichtes. Er schafft die Welt immer wieder neu und erhält sie damit am Leben. Das Wesen von Aton wird in der Schöpfungskraft des Lichts verkörpert, von dem alles irdische Leben abhängt. Mit seinem Gott Aton reduzierte Echnaton im Sinne einer Abstraktion die Vielheit der Götter auf einen und den einzigen Gott Aton. Die neue Religion gestaltete er nach Art einer persön-

lichen Philosophie. Die nächtliche Unterweltsfahrt des Sonnengottes und die Überwindung seines Feindes Apophis sind weggefallen.
Die Sonne, Aton selbst, ist es, die durch ihre Strahlen Licht und Wärme und damit Leben spendete.
Echnaton hat anfänglich niemals die Existenz anderer Gottheiten bestritten und folgerichtig niemals andere Götterkulte verboten. Gelegentlich wohl eher ohne seine Zustimmung oder sein Wissen kam es vor allem in der alten Königsresidenz und Sitz des Gottes Amun zu Anfeindungen gegen Kulte anderer Gottheiten, wobei auf Denkmälern deren Namen gelöscht bzw. durch den Namen Atons ersetzt wurden. Darstellungen von anderen Gottheiten finden sich sogar in Amarna, wenn auch nur in Privathäusern. Eine große Menge an Amuletten und kleinen Figuren traditioneller Gottheiten, die man in Amarna gefunden hat, sind ein Hinweis darauf, dass die Bewohner sich nicht völlig von ihren traditionellen Gottheiten lösen konnten und wollten.
Bald kam es jedoch zu Ausschreitungen gegen Priester der alten Gottheiten sowie deren Namen auf den Denkmälern, vor allem in Theben.
Das Nebeneinander des Aton mit anderen Gottheiten dauerte nur kurze Zeit. Danach wurde das Symbol des Strahlenatons die einzige Darstellungsweise Gottes, die erlaubt war. Für andere Götter gab es neben Aton keinen Platz. Damit verschwanden die für die ägyptische Religion bisher typischen bunten und vielfältigen Götterdarstellungen. Dies gilt selbst für die Darstellungsformen des Sonnengottes als Chepri, Morgensonne oder als Atums Abendsonne bzw. die Darstellung des Re-Harachte als Horus des Horizontes.
Aton wurde in Form der Strahlensonne, d.h. eines stark konvex gewölbten Kreises, von dem lange Strahlen ausgehen, die zusätzlich vielfach noch das Lebenszeichen, das Anch-Zeichen tragen, als einzig gültige Erscheinungs- und Darstellungsform des Sonnengottes angesehen. Geduldet wurde daneben noch die aufgerichtete Uräusschlange, welche die königliche Stirn schmückte, als Kronengehänge oder am unteren Rande des Sonnenkreises des Strahlen Atons erscheint. In dieser Ausschließlichkeit äußerte sich das monotheistische Denken Echnatons und seiner Religion. Es war nur ein kleiner Schritt, um aus dem einzigartigen Gott Aton einen einzigen Gott zu machen, einen Gott, der keinen anderen Gott neben sich duldete. Diesen letzten Schritt hat Echnaton im Laufe seiner Lebenszeit dann auch tatsächlich vollzogen, als er in seinem neunten Regierungsjahr unter Ächtung aller anderen Gottheiten alle Tempel schließen ließ. Echnaton wurde

damit zum Begründer der ersten monotheistischen Religion. Neben Aton sollte es keine anderen Götter geben, ihre physische Existenz sollte durch Tilgung des Namens (*damnatio memoriae*) und zum Teil auch ihrer Darstellung ausgelöscht werden. Die Auslöschung des Namens bedeutet, eine Person dem Nichtsein zu überantworten. So wurde der Name des Gottes Amun auf Gedenkskarabäen, auf der Spitze von Obelisken und Pyramiden und sogar in Briefen des Keilschriftsarchivs, überall in Ägypten bis hin nach Gebel Barkal am Vierten Nilkatarakt getilgt.
Aus dem einzigartigen Wesen seines Gottes schloss Echnaton, dass die anderen Götter für die Erzeugung und Aufrechterhaltung der Welt überflüssig, daher inexistent und somit Lug und Trug sind.[30] Der propagierte Ausschließlichkeitsanspruch Atons als allumfassende, universelle Gottheit stellt in der ägyptischen Religion etwas revolutionär Neues dar.

2.8. Echnaton als Stellvertreter Atons und seiner Priesterschaft[31]

Aton war ein Gott, der stumm blieb, nur sein Verkünder Echnaton spricht über ihn. Seine Belehrungen und Unterweisungen wurden jedoch ausschließlich mündlich erteilt. Echnaton hat kein heiliges Buch hinterlassen. Seine Religion war deshalb keine Buchreligion. Das Wesen des Aton lässt sich jedoch aus den Hymnen und aus der Ikonographie, insbesondere aus Inschriften Echnatons, und hier dem Text der Grenzstelen sowie seinem berühmten Sonnenhymnus und den Inschriften und Aufzeichnungen seiner Beamten entnehmen.
Trotz des Fehlens schriftlicher Aufzeichnungen sprechen die vorhandenen Zeugnisse eine klare Sprache bezüglich der Grundlagen des Aton-Glaubens. Sie gewähren vor allem einen zeitgenössischen und authentischen Einblick in das Denken Echnatons.
Echnatons Teilhabe an Aton näherte sich dem vollkommenen Einssein mit dem Gott. Es war dieselbe göttliche Macht, die sich in der Sonnenscheibe offenbarte und die in der Person des Königs Fleisch angenommen hatte.
Echnaton nennt sich „das schöne Kind des lebendigen Aton“. Auf Fayence Anhängern und auf Amuletten ist er als Kind des Atons abgebildet, was als Anspielung auf seine ständige Regeneration zu deuten ist.
Echnaton verstand sich wie alle seine Vor- und Nachfolger im Königtum als Sohn des Sonnengottes Re. Er war der einzige auf Erden lebende Mensch, der in der Lage war, Aton und sein göttliches Werk zu begreifen und dadurch das Wunder der Schöpfung zu verstehen.

Im Gegensatz zu Aton, der sich am Himmel befindet, ist Echnaton als dessen Stellvertreter ein auf Erden erreichbarer Gott. Diesen kann der gläubige Untertan nicht in einem Tempel verehren, sondern vor Altären, die sich in privaten Häusern und Gärten Amarnas befinden. Weder das ägyptische Volk noch die Angehörigen der Priesterschaft durften zu Aton direkt beten, sondern mussten Echnaton oder seine Frau Nofretete, die auf drei Steinblockdarstellungen Aton als Hohepriesterin diente, als Fürbitter nehmen. Deshalb gab es im Aton-Kult auch keine Priester oder Priesterinnen, die in Vertretung des Pharaos im Verborgenen den Kult an einem Bild des Gottes durchführen durften. Aton war deshalb im Unterschied zur Verehrung des Sonnengottes Re in der bisherigen Sonnentheologie kein persönlicher Gott, der für jeden Menschen, jedes Individuum im Gebet erreichbar war.
Echnaton war der Einzige, dem es gestattet war, direkt zu Aton zu beten, ihm zu opfern und zu huldigen und den Glauben und die Gaben seines Gottes dem Volk zu übermitteln. Der Kontakt zu Aton erfolgte ausschließlich über das Herrscherpaar. Die direkte Verehrung des Aton blieb ein exklusives Vorrecht der königlichen Familie. Die Menschen hatten ansonsten keine persönliche Kommunikationsmöglichkeit. Dies war vielleicht begründet in einem Argwohn und einer Furcht Echnatons vor der mächtigen Priesterschaft des Amun von Karnak, die sich als Kenner und Vollstrecker des göttlichen Willens des Amun verstanden und ihre Machtbefugnisse immer weiter ausgeweitet hatten. Mit der Zunahme der Bedeutung des Gottes Amun als Reichsgott und der seiner Priesterschaft war auch der Reichtum der Amun geweihten Tempel gewachsen. So wurde der größte Teil der in einem Krieg gemachten Beute dem Gott Amun und seinen Tempeln, insbesondere dem Amun-Tempel in Karnak, als Dank geopfert. Dazu kamen die Opfergaben, die der König dem Reichsgott Amun machte, um damit sein Königtum zu sichern.
Hiervon wollte sich Echnaton bewusst absetzen und schützen. Er opferte seinem Gott Aton zunächst in dem Aton-Tempel in Karnak, später in den Aton geweihten Tempeln in Achet-Aton. Die Priesterschaft des Aton blieb klein. Das höchste Priesteramt in der Amarnazeit war das des Hohenpriesters des Aton. Es wurde von Meri Re bekleidet, der den Titel eines „Größten der Schauenden“ führte. Er war von einfacher Herkunft und bekleidete vor seiner Ernennung ein Amt in der Militärlaufbahn. Daneben gab es das Amt des „Ersten Dieners des Aton“, das Pa-nehesi, auch ein Mann von einfacher Herkunft, innehatte. Diesen beiden obersten Priestern war es ge-

stattet, Echnaton bei der Durchführung des Aton-Kultes zu assistieren. Die anderen, die bei einer derartigen Zeremonie anwesend waren, waren Höflinge, Chöre und niedere Priester, zu deren Aufgabe es gehörte, Echnaton zu huldigen und kultisch zu verehren. Zu ihnen gehörte auch ein Nichtägypter, der Syrer Tutu, der von seiner Einsetzung als Aton-Priester auf seinem Grabstein wie folgt berichtet:
„Siehe, ich mache dich für mich zum 'Ersten Diener des Nefer-chepe-ru-Ra-wa-en-Ra' im Aton Tempel in Achet Aton, um es für dich wegen deiner Beliebtheit zu tun, denn du bist mein zu meinem großen Diener, der meine Lehre hört. Jede Botschaft, die du tust, über die ist mein Herz zufrieden.“[32]
Die persönliche Frömmigkeit der Untertanen wurde gleichgesetzt mit ihrer Loyalität zum König. Echnaton und Nofretete waren die alleinigen Repräsentanten ihres Gottes Aton und die alleinigen Oberpriester des Aton-Kultes. Sie ließen sich selbst wie Gottheiten verehren. Echnaton als Sohn Gottes und seine Gattin Nofretete bildeten mit Aton gleichsam eine Götterdreiheit, bestehend aus drei göttlichen Personen, die der christlichen oder mesopotamischen Form der Trinität nahekommt. Die Königsfamilie trat damit an die Stelle der Götterfamilien. So trat Nofretete an die Stelle von Göttinnen wie Isis, Hathor, ihre Töchter übernahmen die Rolle von Priesterinnen, die Aton mit Musik und Gesang erfreuten. Für die Untertanen blieb einzig die Möglichkeit, diese göttliche Dreiheit in kleinen Kultkapellen mit Hausaltären, die sich auf ihren Grundstücken befanden, anzubeten. Meist handelte es sich um eine Stele mit der Darstellung der königlichen Familie im Beisein von Aton. Eine dieser Stelen, die Bestandteil eines hölzernen Altars war, befindet sich im neuen Museum auf der Museumsinsel in Berlin. Es handelt sich um eine 32 Zentimeter große rechteckige Kalksteinplatte, welche Echnaton und Nofretete mit drei ihrer Töchter in einer Laube zeigt. Über ihnen scheint die Sonnenscheibe Atons mit einer Vielzahl von Strahlenarmen, die Lebenszeichen (Anch-Zeichen) in den Händen hält.
Die Machtfülle Nofretetes überstieg bei Weitem die Machtfülle, die ansonsten einer Königsgemahlin zugestanden wurde. So ist für Nofretete auf zwei Stellen (Berlin Nr. 17813 und 20176) das Tragen der Blauen Krone sowie des *h3t* Kopftuches und des Stirnuräus belegt, die vor Echnaton nur vom regierenden König getragen wurde. Auf Nofretete wurden darüber hinaus Elemente der königlichen Ikonographie wie „das Erschlagen des

Feindes“ oder die Abbildung als „Sphinx, die den Feind niedertrampelt“ übertragen.

2.9. Änderungen der Jenseitsvorstellungen[33]

Mit der Gottesvorstellung änderten sich auch die Jenseitsvorstellungen der Ägypter. In Echnatons Theologie gab es für eine Unterwelt mit dem Totengott Osiris und dem die Unterwelt in den Nachtstunden durchfahrenden Sonnengott keinen Platz. Das Leben nach dem Tod spielte sich in einer abstrakten Gegenwelt zum Diesseits ab. Der Tod glich dem Schlaf der Lebenden in der Nacht. Sie verbringen die Nacht in einer dem Tode gleichkommenden Bewusstlosigkeit, die sich erst bei Sonnenaufgang wieder legt und sie, wie auch die Seelen der Toten, mit neuem Leben erfüllt.
Zwar existierte in den Jenseitsvorstellungen Echnatons auch ein Leben nach dem Tod. Dabei handelte es sich jedoch nicht um einen Aufenthalt des Toten in einer Jenseitswelt wie in den Gefilden des Jaru, sondern in einer abstrakten Gegenwelt zum Diesseits. In den traditionellen Jenseitsvorstellungen bleibt der Sonnengott Re auch in der Nacht aktiv, indem er sich um die in der Unterwelt lebenden Toten bemühte, indem er in der Nacht in seiner Barke durch die Jenseitsgefilde fuhr und den dort Lebenden Trost und neue Energie spendete. So heißt es in einer Hymne vom Sonnenuntergang:
„Dir sind die Tore geöffnet in deinen beiden Horizonten bei deinem Untergang zum westlichen Lande. Deine Strahlen dringen in die Erde ein, um den Westlichen Licht zu spenden. Die Unterweltlichen stimmen die Preisungen an und Lobeslieder bei deinem Anblick Tag für Tag.“[34]
Der Tod und das Jenseits zeichneten sich in der Aton-Religion durch die Abwesenheit von Aton aus und wurden geprägt von der Dunkelheit der Nacht, die zugleich Abwesenheit vom Leben bedeutete.
Dieses wird deutlich vor allem im Großen Atonshymnus Echnatons:
„Wenn du am westlichen Horizont untergehst, liegt die Erde in Dunkelheit nach der Art des Todes. Die Nacht verbringen die Menschen bedeckten Hauptes in der Schlafkammer, kein Auge kann das andere sehen. Alle ihre Habseligkeiten werden ihnen gestohlen, selbst wenn sie unter ihren Köpfen sind und sie bemerken es nicht. Jeder Löwe ist aus seiner Höhle herausgekommen, und alle Schlangen beißen. Dunkelheit ist die einzige Beleuchtung, während die Erde in Schweigen gehüllt ist und ihr Schöpfer im Horizont ruht.“[35]

Nach Einbruch der Dunkelheit zieht Aton sich in seinen Horizont zurück, ruht sich aus und überlässt auch die Menschen sich selbst.
Die Seelen der Verstorbenen verharren reglos bei den Mumien in ihren Gräbern. Die Lebenden verharren schlafend in ihren Häusern, in einem Zustand der Bewusstlosigkeit, der dem Tod nahe kommt. Erst, nachdem die Sonne am Morgen im Osten wieder aufgeht, erwacht das Leben und auch die Verstorbenen werden durch das Sonnenlicht mit neuem Leben erfüllt, so dass sich ihre Seelen wie auffliegende Vögel von ihren Mumien entfernen können, um im Aton geweihten Sonnentempel an der Opferspeisung teilnehmen zu können und mit Lebenskraft, d.h. Atemluft versorgt werden zu können. Erst am Abend kehren die Seelen in ihre Gräber zurück, um sich mit ihren Mumien zu vereinen bis zum Sonnenaufgang am anderen Morgen. Nicht nur der Gott Amun war in Amarna verfemt, sondern auch der Totengott Osiris wurde durch den Atonglauben verdrängt. Er verschwand wegen Funktionslosigkeit, indem er völlig in dem Sonnengott aufging. An seine Stelle tritt Echnaton. Mit Osiris verschwindet auch das Totengericht als Stätte, wo sich der Tote zu verantworten hatte, um ein Leben im Jenseits führen zu können. Entscheidend für ein Weiterleben im Jenseits ist nunmehr allein die Loyalität gegenüber dem König und seinem Gott Aton. Da das Licht allein Leben bringend ist, wurde das Gegenteil die Dunkelheit und damit auch die Nacht negiert. Der Tod bedeutete Abwesenheit des Lichtes oder wie es im Sonnenhymnus Echnatons treffender nicht beschrieben werden kann: „Wenn du aufgehst, dann leben sie, wenn du untergehst, so sterben sie.“[36]
Damit verschwand auch die Vorstellung von der nächtlichen Fahrt der Sonne durch die Unterwelt. Die Auferweckung der Toten zu neuem Leben erfolgte nicht mehr nachts in der Unterwelt, sondern morgens im Licht der aufgehenden Sonne. So wurden folgerichtig die Gräber in Amarna auch im Osten, dort wo die Sonne aufgeht, angelegt.
Das bisherige Totenreich im Westen, die Duat, verschwand aus dem Weltbild ebenso wie die Toten- und Unterweltsbücher. Da es kein jenseitiges Totenreich mehr gab, entfiel auch die Idee eines allgemeinen Totengerichts mit der Rechtfertigung oder der Verstoßung des Toten. Die Toten lebten nicht mehr in ihren Gräbern, sondern warteten in Form ihrer Ba-Seelen auf Erden auf den Aufgang der Sonne und nahmen an den täglichen Tempelopfern teil. Nachts schliefen die Toten, bei Atons Aufgang am Morgen kamen die Ba-Seelen der Verstorbenen als frei bewegliche Personifikationen der Verstorbenen aus den Gräbern. Sie begleiteten Aton und

Echnaton gemeinsam zum großen Tempel, wo sie alle Opferspeisen genossen und von Aton mit nötiger Atemluft versorgt wurden. Damit unterschied sich die Welt der Toten nicht mehr von der Welt der Lebenden.

2.10. Reaktionen auf die neue Religion[37]

Die Reaktionen seiner Untertanen auf die neue Religion ihres Herrschers dürften unterschiedlich ausgefallen sein. Die thebanische Priesterschaft des Amun war am stärksten betroffen, nicht nur in ihrem Glauben, sondern auch in ihren Privilegien, die sie bislang genossen hatten. Sie mussten tatenlos zusehen, wie Echnaton in nächster Nähe des Amun-Tempels Heiligtümer für seinen neuen Aton-Kult errichtete, von deren Rechtmäßigkeit sie niemals überzeugt werden konnten. Zugleich verloren die bislang dem Amun geweihten Tempel und auch die Amun-Priester alle Einkünfte, die bis dahin dem traditionellen Amunkult vorbehalten waren.
Maciejewski[38] sieht in dem Sturz Amuns einen symbolischen Vatermord im Sinne von Sigmund Freud, mit dem Echnaton das Gedächtnis an seinen verhassten leiblichen Vater Amenophis III. auslöschen wollte. Dabei unterstellt Maciejewski, dass Echnaton, weil er von seinem Vater wenig beachtet und geliebt wurde, gegenüber seinem Vater eine Hass-Liebe empfand. Abgesehen von dem konservativen Kreis der Amun-Priesterschaft gab es sicherlich einen anderen Teil in der Bevölkerung, der den Neuerungen gegenüber aufgeschlossen war und der mit dem neuen Aton-Kult von Anfang an sympathisierte. Es waren vor allem hochgestellte Personen, Beamte und Militärs, die Echnaton zum Teil aus Überzeugung bzw. aus Loyalität oder Berechnung sogar in seinen extremsten Gedankengängen folgten. Hierfür finden sich Zeugnisse in einigen Gräbern der thebanischen Totenstadt, so zum Beispiel im Grab des Cheruef und des Parennefer, die einen eigenartigen Kompromiss mit der Reformbewegung Echnatons zeigen.
Von besonderem Interesse sind vor allem die Darstellungen im Felsengrab des Ramose in West-Theben, der zu Beginn der Regierungsherrschaft Echnatons dessen Wesir war. Diese waren zum Teil noch im herkömmlichen Stil und in der herkömmlichen Themenauswahl ausgeführt. In den Grabinschriften waren noch thebanische Gottheiten erwähnt, die später verfemt waren. In dem anderen Teil des Grabes, der teilweise unvollendet geblieben ist, findet man dagegen bereits Darstellungen in neuen Stil mit dem Bild Atons als Strahlensonne.

2.11. Achet-Aton der neue Regierungssitz Echnatons und Hauptkultort des Gottes Aton

Die Lage des Ortes[39]

Achet Aton oder Amarna bzw. das heutige Tell el-Amarna liegt in Mittelägypten, ca. 49 Kilometer von dem mittelägyptischen Provinzzentrum El Minya und auf halbem Weg 400 Kilometer von den bisherigen Residenzstadt Theben im Süden und Memphis im Norden entfernt. Amarna liegt zugleich in der Nähe von Hermopolis, wo die acht Urgottheiten sowie der Weisheitsgott Thot verehrt wurden. Thot war anscheinend nicht unter Echnaton verfemt. Amarna ist der heutige Name eines Beduinenstammes und zum Begriff der von Echnaton für seinen Gott Aton in Mittelägypten auf jungfräulichem Boden gegründeten Stadt „Achet-Aton“ geworden. An diesem Ort sollten sich die Königsfamilie und die Bewohner ungetrübt durch die Vergangenheit der neuen Religion des Atons hingeben können. Amarna glich einer Insel, eingerahmt vom Nil im Westen und den Gebirgszügen im Osten, die bis an den Nil heranreichten und die Stadt, wie einen Kessel einschlossen. Die Versorgung der Stadt war nur vom Westen her über den Nil möglich. Dort wurde das Baumaterial transportiert, das für den Bau der Stadt benötigt wurde. Die Fläche westlich des Nils mit einer Gesamtfläche von über 200 Quadratkilometern gehörte zwar auch zum Stadtgebiet, wie sich aus den Grenzstelen ergibt. Sie war jedoch niemals bebaut, sondern diente als fruchtbare landwirtschaftlich genutzte Fläche zur Versorgung der Stadt, die teilweise von 50.000 Menschen bevölkert war. Auf der Westseite wohnten überwiegend Bauern in Lehmhütten, die Ackerbau und Viehzucht betrieben. Das bebaute Zentrum von Amarna, das am Ostufer des Nils belegen war, umfasste eine Wohnfläche von ca. 1 x 1,5 Kilometern. Die Stadt erstreckte sich wie ein breites Band von Norden nach Süden. Die Entfernung zwischen Nil und dem Gebirgszug im Osten beträgt ca. fünf Kilometer, der vom Norden nach Süden ca. zehn Kilometer. Davon waren etwa 6 Kilometer im nördlichen Teil mit Wohnstätten sowie Tempel- und Palastanlagen bebaut. Im Norden der Stadt lagen vor allem Paläste und kleinere Wohneinheiten, im Süden gab es Kultstätten und einen Palast. Im Osten befanden sich kleinere Arbeiterstätten.

Die Gründung des Ortes, die Grenzstelen[40]

Den Ort fand Echnaton, als er in seinem fünften Regierungsjahr mit seinem Streitwagen in diese Gegend kam und in der dort vorhandenen Fels-

formation das Wort für Horizont „Achet“ dem Symbol für Anfang und Ende gefunden zu haben glaubte. Er beschloss spontan, an diesem Ort für sich und seinen Gott Aton eine neue Hauptstadt und Residenz zu gründen.
An der Stelle, die Echnaton für den Bau seiner Königsresidenz ausgewählt hatte, ließ er zur Umgrenzung dieses Gebietes 14 Grenzstelen errichten, davon drei auf dem Westufer, sowie elf auf dem Ostufer, wo die eigentlich Stadt Achet-Aton erbaut wurde.[41]
Die Grenzstelen sind bis zu zehn Meter hoch und haben einen halbrunden Abschluss. Sie waren in den Fels geschlagen. In ihrem halbrunden oberen Teil findet sich die Darstellung einer Szene mit Echnaton und Nofretete unter der Strahlensonne sowie den Prinzessinnen, welche jeweils ein Systrum in der Hand halten. Sie sind als vertieftes plastisches Relief ausgearbeitet. Der übrige Teil der Grenzstelen ist mit der jeweiligen Gründungsinschrift, der Gründungsproklamation, beschriftet. Inhaltlich werden auf den Stelen die Bedeutung des Gründungsaktes sowie das Bauprogramm und deren Bedeutung für die Zukunft geschildert.
Auf ihnen betont Echnaton, dass allein Aton ihm diesen unberührten Platz zugewiesen habe und dass keine andere Stelle für die Errichtung von Achet-Aton in Frage käme.
Der Stelentext beginnt mit einem Lobpreis auf die göttliche Triade Aton, Echnaton und Nofretete, der Lobpreis von Aton mit der Formel:
„Es lebe der gute Gott, der mit der Wahrheit zufrieden ist, der Herr des Himmels und der Erde, die lebendige Sonne.“[42]
Es folgen drei der fünf Königsnamen Echnatons: der 1. Name, der Horusname „Starker Stier, von Aton geliebt; der 2. Name, der sogenannte Nbti Name, d.h. der Name der beiden Göttinnen von Ober- und Unterägypten Nechbet und Uto: „Mit großem Königstum in Achet-Aton“ sowie als 3. Name, der Goldhorusname: „Der den Namen des Aton erhebt.“
Die Namen hatte sich Echnaton für seinen Umzug von Theben nach Amarna ausgewählt; sie sollten sein Programm symbolisieren.
Echnaton wurde bezeichnet als „der Gute Gott, der Einzige des Re, der das Land leitet für den, der ihn auf den Thron gesetzt hat, beschenkt mit Leben für immer in unendlicher Dauer“, Nofretete als „die Schöne und Strahlende... sie lebe für immer und ewig“.[43]
Die drei ältesten Stelen, die das Zentrum der Stadt markierten, wurden am 13. Tag, des vierten Monats der Erntezeit (Peret) im fünften Regierungsjahr des Königs, nach dem julianischen Kalender am 4. März 1350 v. Chr. errichtet. Die Texte der Stelen berichten von dem Bauvorhaben und lassen

die Begeisterung erkennen, mit der Echnaton seine neuen Ideen realisierte. In dem Text aus dem fünften Regierungsjahr wird der Gründungstag beschrieben, wie Echnaton am Gründungstag in einem prächtigen Streitwagen aus Elektron wie Aton, wenn er am Horizont aufgeht, auf dem Gelände der zukünftigen Stadt erschien und seinem göttlichen Vater Aton die herrlichsten Delikatessen und Wohlgerüche als Opfergaben darbrachte.
„Man war an diesem Tag in Achet Aton. Seine Majestät erschien mit einem Pferdegespann, auf einem großen Wagen aus Elektron wie Aton, wenn er am Horizont aufgeht [...]. Man schlug den schönen Weg nach Achet Aton ein, dem Platz der Schöpfung, den er ihm bereitet hat.“[44]
Die restlichen elf Grenzstelen waren auf den gleichen Kalendertag im sechsten Regierungsjahr Echnatons datiert.
Auf den Grenzstelen erklärte Echnaton, warum er diesen Platz ausgewählt hatte. Danach soll keiner seiner Gefolgsleute, kein menschliches Wesen, sondern Aton selbst diesen Ort als neue Residenz und als seinen Ruheplatz ausgewählt haben. Echnaton hat dabei den Fingerzeig des Gottes richtig erkannt und hat den Boden innerhalb des durch die Grenzstelen abgegrenzten Gebietes zum Horizont des Atons bestimmt.
„Schauet Achet-Aton, von dem Aton wollte, dass es ihm geschaffen werde als Denkmal für seinen Namen für alle Zeiten! Aton aber mein Vater, war es, der auf Achet-Aton wies, nicht zeigte darauf ein Beamter, nicht irgendeiner im ganzen Land zeigte darauf mit Worten, dass er Achetaton an dieser Stelle erbaue, sondern mein Vater Aton zeigte darauf, dass man es ihm als Achetaton da errichte. Schaut, Pharao spürte es auf. Nicht gehört es einem Gott, nicht gehört es einer Göttin, nicht gehört es einem Herrscher, nicht gehört es einer Herrscherin, nicht gehört es irgendeinem Beamten oder irgendeinem Menschen, um Anspruch darauf geltend zu machen.“[45]
Seine Wahl begründete Echnaton ausdrücklich damit:
„Ich errichtete Achetaton für Aton, meinem Vater an diesem Platz. Ich will ihm Achetaton nicht im Süden, im Norden, im Westen oder im Osten davon errichten. Ich überschreite nicht die südliche Stele von Achetaton nach Süden, nicht werde ich die nördliche Seite von Achetaton nach Norden überschreiten, um dort Achetaton zu bauen. Auch errichte ich es ihm nicht auf der Westseite von Achetaton, sondern ich baue Achetaton für meinen Vater Aton auf der Seite des Sonnenaufganges von Achetaton, auf einer Stelle, welche er sich selbst bereitet hat und die für ihn durch ein

Gebirge umrahmt ist. Er ist zufrieden mit ihr, und ich opfere ihm in ihr. Das ist die richtige Stelle."[46]
Weiter gelobte Echnaton, Achet-Aton niemals aufzugeben und nie auf irgendeinen Beamten, nicht einmal auf die Königin zu hören, falls diese ihm irgendwann einen anderen Ort als passender und vollkommener für Aton vorschlügen, weil Aton selbst diesen Ort ausgesucht habe, so dass er auf keinen Fall aufgegeben werden dürfe.
„Nicht sagte die Königin zu mir. Schau es existiert ein schönerer Platz an einer anderen Stelle und ich sollte auf sie hören. Nicht sagte mir irgendein Beamter von den Beamten, die in meiner Gunst stehen oder ein Höfling oder irgendein Mensch im ganzen Land: Schau es existiert ein schönerer Platz für Achetaton an einer anderen Stelle und ich sollte auf sie hören. Sei sie nördlich, sei sie südlich, sei sie westlich oder sei sie, wo die Sonne aufgeht. Ich sage nie: Ich gebe Achetaton auf, indem ich Order gebe und Achetaton an dieser anderen, schöneren Stelle erbaue."[47]
Achet-Aton war kein willkürlich gewählter, sondern ein vorherbestimmter Ort. In der Bezeichnung als „Ort des urzeitlichen Geschehens" klingt die heliopolitanische Schöpfungslehre an; danach war Achet-Aton ein mythischer Ort, an dem sich das Geheimnis der Urschöpfung wiederholte. Ursprünglich war die Stadt von Echnaton nicht als Stadt innerhalb des ägyptischen Staates, sondern als Idealstaat als eine Art „Staat im Staat" im Sinne eines Gottesstaates geplant.

Der Bau von Achet-Aton[48]

Auf dem Text der Grenzstelen folgt dann das Programm der Bauten. Dabei wurden als erstes fünf Tempel genannt:
„Ich baue den Großen Tempel für Aton, meinen Vater an dieser Stelle. Und ich baue den Kleinen Tempel für Aton, meinen Vater in Achet Aton an dieser Stelle.
Ich baue die Sonnenschatten Kapelle für die große königliche Gemahlin dem Aton meinem Vater, in Achet Aton an dieser Stelle.
Ich baue einen Jubiläumstempel für Aton, meinem Vater auf der Insel des Aton, namens: 'Die, die Jubiläumsfeste emporhebt' in Achet Aton an dieser Stelle. Ich baue einen zweiten Jubiläumstempel für Aton, meinen Vater, auf der Insel des Aton, meinen Vater, auf der Insel des Aton, namens: 'Die, die Jubiläumsfeste emporhebt' in Achet Aton an dieser Stelle."[49] Es handelt sich dabei um den großen und den kleinen Aton-Tempel, die Lage

der anderen Tempel ist dagegen nicht sicher. Auch den Bau eines Palastes für sich und seine Familie hatte er seine Planung einbezogen:
„Ich errichte mir Niederlassungen des Pharaos und ich baue einen königlichen Harem für die königliche Gemahlin in Achet Aton an dieser Stelle.“[50]
Die Bauplanung beinhaltete auch die Anlegung eines Harims für Nofretete sowie von Gräbern, Wohnungen für die Ewigkeit:
„Ich errichte mir Niederlassungen des Pharaos und ich baue einen Harim für die königliche Gemahlin in Achetaton an dieser Stelle. Man baue mir ein Grab in dem Berg von Achetaton, wo die Sonne aufgeht, in welchem dann meine Bestattung erfolgen soll nach Millionen von Regierungsjubiläen, die Aton, mein Vater mir zugewiesen hat. Man bestatte darin auch nach Millionen von Jahren die große königliche Gemahlin Nofretete und man bestatte darin nach Millionen von Jahren die königliche Tochter Meritaton. Wenn ich aber nach Millionen von Jahren sterben werde an irgendeinem Ort, sei er nördlich, sei er südlich, sei er westlich oder wo die Sonne aufgeht, dann soll man mich holen, damit mein Begräbnis in Achetaton begangen werden kann. Auch wenn die große Gemahlin Nofretete, sie lebe, in Millionen von Jahren stirbt an irgendeinem Ort, sei er nördlich, sei er südlich, sei er westlich oder wo die Sonne aufgeht, dann soll man sie holen, damit ihr Begräbnis in Achetaton gemacht werden kann. Auch wenn die königliche Tochter Meritaton in Millionen von Jahren stirbt an irgendeinem Ort, sei er nördlich, sei er südlich, sei er westlich oder wo die Sonne aufgeht, dann soll man sie holen, damit ihr Begräbnis in Achetaton gemacht werden kann.“[51]
Offenbar plante Echnaton in einem Tal östlich von Amarna die Anlage einer Totenstadt, die dem Tal der Könige in Theben ähnlich war. Weitere Grabanlagen waren nach der Planung Echnatons für seine hohen Beamten und die anderen Bewohner Amarnas bestimmt.
„Man errichte Grabanlagen für den Hohenpriester und für den Gottesvater des Aton sowie für die Diener des Aton in dem Berg von Achet Aton, wo die Sonne aufgeht, in welchem ihre Bestattung erfolgen soll. Man errichte Grabanlagen für die Beamten und alle Einwohner in dem Berg von Achet Aton, wo die Sonne aufgeht, in welchem ihre Bestattung erfolgen soll.“[52]
In Erfüllung dieser Planung wurden die Gräber für die Beamten im Norden, die Gräber der leitenden Handwerker, Generäle, Schreiber und Aufseher im Süden errichtet. Die Felsgräber waren dabei in einer geraden Achse angelegt und so ausgerichtet, dass die Sonne ins Innere hinein-

scheinen konnte und die Verstorbenen die belebende Kraft der Sonne, des Gottes Aton empfangen konnten. Echnaton selbst überprüfte den Fortgang der Bauarbeiten. Dazu hatte er auf der Baustelle ein Mattenzelt aufgebaut. In seinem Streitwagen mit Pferdegespann durchquerte er das Baugelände, begutachtete den Fortgang der Arbeiten und brachte seinem Gott Aton Opfer dar. Im Süden von Achet-Aton, am südöstlichen Berg leistete Echnaton beim Leben seines göttlichen Vaters Aton, seiner Gemahlin Nofretete, seinen Töchtern, den Prinzessinnen Merit-Aton und Maket-Aton den Eid die Grenzstelen nicht zu verrücken oder die Stadtgrenzen über die Markierung hinaus zu erweitern. Um seinen Eid zu bekräftigen und seine Einhaltung nachprüfbar zu machen, nannte er in dem Eid die genauen Ausmaße seiner Stadt Achet-Aton:
„Achet-Aton, von der südlichen bis zur nördlichen Stele, in Abmessung zwischen Stele und Stele auf dem Ostberg von Achet- Aton macht sechs Iteru [ein Iteru= 10,5 Kilometer; W. B.], eindreiviertel Chet [ein chet = 52,5 Meter; W. B.] und vier Meh (vier Meh = 52,5 Zentimeter; W. B.]. In ganz genau gleicher Weise macht es von der südwestlichen Stele von Achet-Aton bis zur nordwestlichen Stele auf dem Westberg von Achet-Aton sechs Iteru, eindreiviertel Chet und vier Meh. Das innere Gebiet dieser 4 Stelen vom Ostberg bis zum Westberg ist das eigentliche Achet-Aton.“[53]
Am Ende des Eides verfügte Echnaton, dass seine auf der Stele eingravierten Eidesworte nicht zerstört werden dürften und, falls dies doch auf irgendeine Weise geschehen würde, er den Schaden sogleich beheben werde. Bereits drei Jahre nach Baubeginn war die Residenz bezugsfertig und die Königsfamilie bezog den gigantischen Königspalast. Mit ihr zogen auch der Königshof und die gesamte Verwaltung nach Achet-Aton. Der Bruch mit der Religion seiner Vorgänger führte gleichzeitig auch zu einem Bruch mit der führenden Beamtenschaft, die ihren Vorgängern treu ergeben war. Echnaton schuf in seiner neuen Residenz eine neue Beamtenschaft mit Personen aus den einfachen Schichten sowie aus dem Ausland, auf die er sich verlassen konnte. So stieg der Syrer Tutu zum Kammerherrn und Oberbaumeister und zum Obersten Mund des ganzen Landes, einer Art königlichen Propagandachef auf. Darüber hinaus war er Finanzminister, dem auf königlichen Befehl die Abgaben und Steuern zu entrichten waren.

Die Bauten im Zentrum von Achet-Aton[54]

Das Zentrum der Stadt wurde durch drei große Bauten bestimmt. Durch den Großen Palast, der sich im rechten Winkel, fast 500 Meter entlang des Ostufers des Nils erstreckte, im Norden durch den Großen Aton-Tempel und im Süden durch den Kleinen Aton-Tempel.

Der Große Palast

Der Große Palast war kein privates Wohngebäude des Pharaos und auch kein Verwaltungsgebäude, sondern ein repräsentativer Bau, in welchem staatliche Empfänge oder kultische Feier stattfanden. Im Zentrum des Großen Palastes stand ein Steingebäude, 270 Meter lang und 170 Meter breit. In diesem Bau manifestierte sich die Stellung Echnatons als König und Gott zugleich.

Im Kern des Gebäudes befand sich ein großer Hof mit den Ausmaßen 170 x 170 Meter. Südlich davon befanden sich sechs große, symmetrisch angelegte Quartiere mit einer Fläche von jeweils 46 x 55 Metern. Den Eingang zum Großen Palast bildete ein vierreihiges Säulenportikus. Von diesem gelangte man in eine dreischiffige querliegende Halle, dann in einen Stelenhof, und schließlich erreichte man durch eine gewaltige Säulenhalle den Hauptraum des Großen Palastes. Im Süden der Anlage erstreckte sich ursprünglich eine Gartenanlage, die später in der Regierungszeit Semench-Ka-Res durch einen großen Weingarten ersetzt wurde. Über eine dreitorige Brücke in östlicher Richtung erreichte man die Hauptstraße, die zum Großen Aton-Tempel und zur Residenz Echnatons führte. Nördlich dieser Brücke befand sich der Haupteingang, der direkt zum großen Hof führte. Der Große Palast beeindruckte nicht nur durch seine Größe, sondern auch durch seine Ausstattung, welche dem Bauwerk seinen einmaligen und repräsentativen Charakter verlieh. Hierzu gehörten Reihen von Kolossalstatuen Echnatons. Die einzelnen Höfe waren über einzelne Rampen erreichbar. Daneben gab es einen vierreihigen Portikus, Säulensäle sowie Innenhöfe mit Peristylen. Die Tempel in Achet-Aton waren, anders als die bisherigen ägyptischen Tempel, so angelegt, dass das Sonnenlicht ungehindert in die Tempelgebäude fallen konnte.

Die Tempel besaßen keine Dachkonstruktionen. Dies ermöglichte dem Licht Atons einen ungehinderten Zugang zu den Opferaltären. Beim täglichen Kulturvollzug in den Tempeln betrat das Königspaar das Heiligtum und legte Opfergaben auf dem großen Hauptaltar nieder. Daneben versorgten die für den täglichen Kult zuständigen Priester die kleineren Altäre mit Opfern. Oft ist Echnaton dargestellt, wie er mit Nofretete und seinen Töchtern auf dem Weg zum Tempel ist, um seinem Gott Opfergaben darzubringen, wobei sich Priester und Gläubige um das Königspaar drängen. Die Opfer waren aus dem Kult der alten Gottheiten übernommen wie Tieropfer, Speiseopfer, Räucherungen und Darbringen von Blumensträußen. Die Opferungen wurden begleitet von liturgischen Gesängen, die Aton und das Werk seiner Schöpfung verherrlichten. Aton wurde gepriesen als die göttliche Vorsehung, die ihre Güte und ihre Werke allen Menschen offenbart. Die Kultbauten in Amarna wurden geplant und gebaut nach der Konzeption der neuen Religion. Im Unterschied zur Verehrung der alten Gottheiten, bei der für die Gläubigen alles weitgehend geheim blieb – der Gott befand sich in einem dunklen Sanktuar, dessen Zugang nur dem König und bestimmten Priestern gestattet war – war der Gott Echnatons Aton als lebendige Sonne allgegenwärtig, jedem Menschen auf Erden sichtbar und spürbar durch ihre Strahlen und ihre Wärme. Das Kultbild des Gottes war die Sonne selbst. Die für Aton geschaffenen Kultbauten waren nach oben offene Bauwerke, „Hypäthraltempel" genannt. Ihre Innenräume waren stets vom Sonnenlicht durchflutet. Selbst die für Aton errichteten Altäre, die genau auf der Tempelachse lagen, standen im Licht und waren Aton stets zugänglich. Das Sonnenlicht wurde damit zum Bestandteil von Architektur und Kult. Die Altäre in den Tempeln waren überladen mit Brot, Rindfleisch, Geflügel, Gemüse, Bier, Wein, Wasser, Öl, Honig und Blumen. Den Kult ausüben durfte die gesamte königliche Familie, neben Echnaton vor allem die Königin Nofretete sowie die Prinzessinnen und die Königsmutter Teje. Insbesondere Nofretete bildete mit Echnaton und Aton eine Triade, die als eine Emanation des mit Aton gleichgesetzten Urgottes Atum der Heliopolitanischen Schöpfungsgeschichte verstanden wurde. Darstellungen von Nofretete fanden sich in den früheren Regierungsjahren Echnatons auf den Nofretete-Pfeilern, östlich des alten Karnak Tempels. Auf diesen opferte Nofretete ohne Echnaton an ihrer Seite dem Gott Aton. Echnaton hatte eine eigene Priesterschaft. Sie handelte jedoch nur noch als Ritualhelfer zur Unterstützung des Königs. Insoweit durften die Priester direkt an Kulthandlungen und Prozessionen teilnehmen. Die Kulthandlungen, welche Echnaton und seine Familie vor Aton durchführte, bestanden aus Weihrauchopfern. Dabei wurden die Gaben für Aton mit Hilfe eines bronzenen Räucherarms von Weihrauch eingehüllt. Zugleich wurden Blumensträuße dargebracht und der Namen Atons angebetet. Begleitet wurden die Kulthandlungen durch

Musik von Systren. Nach Beendigung der Zeremonie wurden die Opfergaben an die Priester und andere Personen verteilt.
Erbaut wurden die Aton-Heiligtümer aus kleinen Sandstein-Blöcken, die „Talatat“, die als Dreierblöcke bezeichnet wurden, weil sie eine Spanne Höhe und zwei Spannen Breite aufweisen. Später nach Aufgabe Achetatons wurden die Blöcke, insgesamt ca. 50.000 Stück in anderen Tempeln, insbesondere in Karnak und Luxor weiterverwendet. Die Hauptstraße, die acht Kilometer in Nord-Süd Richtung verlief, war mit 50 Meter Breite besonders breit angelegt, um Echnaton in Anlehnung an die Fahrt des Sonnengottes die Fahrt im Streitwagen zu ermöglichen. Sie besaß an ihrer Westseite eine ca. fünf bis sechs Meter hohe Lehmziegelmauer, die durch Tore unterbrochen war. An der Hauptstraße lagen alle bedeutenden Kultgebäude, welche den Rahmen für den täglich zu zelebrierenden Kult vorgaben. Über die Hauptstraße erreichte Echnaton jeden Morgen von seinem eigentlichen Wohnort kommend auch den Großen und den Kleinen Aton-Tempel. Echnaton benutzte hierfür seinen von Reliefs bekannten Zweispännerwagen, der ihm als Symbol für Bewegung diente und ungeahnte Mobilität verlieh.
Der Alltag der Königsfamilie sah wohl wie folgt aus: Zunächst vollzog Echnaton im Großen Aton-Tempel die täglichen Rituale für seinen Gott Aton. Dann begab er sich zur Aufnahme seiner Regierungsgeschäfte in seine Residenz, den Stadtpalast. Bevor er am Abend in seinen Wohnpalast zurückkehrte, suchte er persönlichen Kontakt zu Aton im Kleinen Aton Tempel, der in der Nähe seiner Residenz gelegen war.
Der Tagesablauf Echnatons war damit ritualisiert und eng an den Sonnenlauf Atons angepasst, der jeden Tag im Osten aufging. Diesem Aufgang der Sonne entsprach das tägliche Erscheinen Echnatons, wenn er in seinem Wagen von seinem Wohnpalast in das Stadtzentrum fuhr. Bei seinem Erscheinen jubelten die Menschen ihm zu wie beim Erscheinen der Sonne bei ihrem Aufgang im Osten.
Im Stadtzentrum begegnete Echnaton im großen und kleinen Aton-Palast seinem Gott Aton. In diesem Zentrum trafen sich die Nord-Süd Achse mit der Ost-West-Achse, die in ihrem Schnittpunkt zu einer Einheit wurden wie Echnaton mit Aton. Durch diese Begegnung gewann Echnaton die notwendige Energie für seine weiteren Aufgaben bis zum Untergang der Sonne im Westen und Echnatons Rückkehr zu seinem Wohnpalast.

Der Große Aton-Tempel

Den Mittelpunkt der neuen Residenz bildete der große Atontempel (760 Meter x 275 Meter). Er war mit diesen Ausmaßen wohl die größte Tempelanlage der Antike. Dabei wurde das zunächst nur provisorisch erbaute Heiligtum durch einen weitläufigen Tempel mit zahlreichen Säulenhallen und Höfen ersetzt. Er war mit einer Steinverkleidung versehen, die ihn unnahbar und abweisend erscheinen ließ. Man betrat den Tempel im Westen von der Hauptstraße. Hinter dem Eingang befand sich eine Pylonenfront, dahinter im ersten Drittel folgten sechs Höfe, alle mit Altären, insgesamt 700, und prächtigen Pylonen versehen. Das zweite Drittel des Tempels bestand aus einem großen offenen Hof, das letzte Drittel aus dem Schlachthof für die Tieropfer sowie im Norden die Halle der ausländischen Tribute, in welchem Echnaton in seinem zwölften Regierungsjahr die ausländischen Gesandten mit ihren Tributen empfangen haben soll. In der Mitte des letzten Drittels lag das große Sanktuar mit dem großen Hauptaltar für Aton als Zentrum der neuen Religion.

Der Kleine Aton-Tempel

Auf der Hauptstraße weiter in südlicher Richtung erreichte man den Kleinen Aton-Tempel mit einer Länge von fast 200 Metern und einer Breite von 127 Metern. Seine Umfassungsmauern wiesen Verstärkungen auf, die ihm einen wehrhaften Charakter verliehen. Man betrat den Tempel durch einen Pylonen, der mit Flaggenmasten versehen war. Ebenso wie der Große Aton-Tempel war auch sein kleinerer Bruder durch eine Dreiteilung, d.h. durch drei hintereinanderliegende Höfe mit mächtigen Pylonen gekennzeichnet. Der erste Hof besaß neben einem großen Altar 52 kleine Opfertische. Im zweiten Hof befand sich ein Gebäude für die Priester. Der dritte Hof war in zwei Bereiche unterteilt und mit zahlreichen Opfertischen und einer kleinen Säulenhalle ausgestattet. Der Tempel diente wohl täglich vorgenommenen Kulthandlungen zu Ehren des Gottes Aton. Die Achse des Tempels war in Richtung des Eingangs des Wadi zum Königsgrab im Ostgebirge ausgerichtet. Man vermutet, dass es sich bei diesem Tempel um Echnatons Totentempel gehandelt hat, der für ihn ein persönlicher Kultort war.

Königsresidenz

Neben dem Großen Palast, dem Großen Aton-Tempel und dem Kleinen Aton-Tempel befand sich im Stadtzentrum noch auf einer Grundfläche von 123 x 140 Metern die Königsresidenz, die mit dem Großen Palast durch eine Brücke verbunden war, die direkt in den großen Hof der Residenz führte. Das Hauptportal der Residenz an der Nordseite war als Pylon gestaltet. Auf dem Areal befanden sich Wirtschaftsräume, Dienerwohnungen sowie die Privaträume des Königs. Dazu gab es einen Gartenhof mit drei Reihen Bäume zu beiden Seiten der Hauptachse. Ein großer Brunnen in dem Hof diente der Bewässerung der Bäume sowie der Versorgung der Bewohner mit Trinkwasser. Im Osten der Anlage befanden sich Magazinräume, in denen die für die Versorgung der Bewohner notwendigen Lebensmittel lagerten.

Privathaus Echnatons

An der Südseite lag das Privathaus Echnatons, das im Vergleich zu anderen Privathäusern in Amarna bescheiden war. Es bestand aus sechs kleinen Räumen, einem zentralen Wohnraum sowie einer auf das Dach führenden Treppe. Dagegen fehlten Räume, die der Entspannung und der Ruhe dienten. Zur Königsresidenz gehörten neben den Privatgemächern des Königs repräsentative Räume, ein Saal mit 42 Säulen, ein kleiner Vorraum mit zwölf Säulen und zahlreiche Nebenräume sowie ein kleiner Hof mit einem Altar.

Außenministerium, Staatsarchiv

Östlich der Residenz Echnatons lagen an einem 60 x 170 Meter großen Platz zwei Gebäude, das Außenministerium sowie das Staatsarchiv. Im größeren wurden Ziegel-Stempel mit der Aufschrift „Außenministerium“ gefunden. In dem kleineren Gebäude, dem etwa 400 Quadratmeter großen Staatsarchiv, wurden im Jahre 1887 Keilschrifttafeln gefunden. Diese legen Zeugnis ab über die ausländischen Aktivitäten Echnatons zu den Nachbarstaaten. Gefunden wurde eine große Anzahl von Tontafeln mit der Korrespondenz in babylonischer Keilschrift babylonischer und anderer vorderasiatischer Könige sowie phönizischer und syrisch-palästinensischer Vasallen an Echnaton. Südöstlich des Archivs lag das Lebenshaus, wo religiöse und wissenschaftliche Bücher aufbewahrt wurden. Diese waren in der Vorzeit typischerweise direkt den Göttertempeln zugeordnet.
In der Nähe der öffentlichen Bauten im Zentrum befanden sich Wohngebäude und Magazingebäude für die Personen, die in den öffentlichen Gebäuden arbeiteten und die dadurch schnell ihre Arbeitsplätze erreichen konnten. Daneben wurde auch ein kleines Verwaltungsgebäude errichtet,

in dem die Waren gelagert und ihre Verteilung an die Bevölkerung registriert wurden. Im Osten des Zentrums befanden sich Militär- und Polizeiquartiere. Nördlich und südlich des Zentrums erstreckten sich weitere Wohngebiete. Die Wohnhäuser von einfachen Lehmhütten bis zu großen Gehöften und Palästen zeichneten sich durch die hohe Bauqualität und durch ihre teilweise beachtliche Größe aus. Nördlich des Stadtzentrums erstreckte sich ein Wohngebiet auf einer Länge von ca. 1,5 Quadratkilometern, das im Süden des Zentrums gelegene war noch größer. Die Bewohner der Wohnstädte kamen aus allen sozialen Schichten, von der breiten Unterschicht, über eine Mittelschicht bis hin zu einer kleinen Oberschicht. Im Norden der Stadt stießen das Gebirge und der Nil eng zusammen, was eine Straßenführung unmöglich machte und diesem Platz infolge seiner Isolation eine gewisse Exklusivität verlieh. Entsprechend zeigt sich das auch an den in diesem Wohnviertel liegenden Bauwerken. In den Wohnhäusern der Oberschicht befanden sich teilweise Kultstellen in Form von Hausaltären, Kapellen, Kioske, Statuen oder Stelen. Auf diesen war die königliche Familie zusammen mit Aton dargestellt. Sie sind ein Ausdruck der persönlichen Frömmigkeit der Hausinhaber. Sie lehnten sich damit an den offiziellen Kult an und bezweckten eine Teilnahme des Inhabers an dem Kult. Ganz im Norden von Achet-Aton lag der „Nördliche Wohnpalast“, der von der Nilüberschwemmung fast vollständig weggespült wurde. In ihm sollen Nofretete und später auch die älteste Tochter des Herrscherpaares Merit-Aton gewohnt haben. Die Anlage konnte durch ein durch Pylone verstärktes Tor im Westen betreten werden. Sie gliederte sich vom Eingang in drei Teile: den quadratischen Eingangshof von 45 x 45 Metern Grundfläche mit dem offenen Altarhof mit drei Altären für die Triade Aton, Echnaton und Nofretete und den Priesterhäusern; den Gartenhof mit einem großen Wasserbecken in der Mitte, umsäumt von Schatten spendenden Bäumen und den Wirtschaftsbauten mit Wohnungen für die Bediensteten; sowie den Räumen für die königliche Familie bestehend aus einem großen Empfangsraum, einem kleinen Zwischenraum mit zwei Reihen Säulen und einem kleinen Thronraum. Im Norden befanden sich die Privaträume der königlichen Familie mit Wandbemalungen von Vögeln, die in dem Binsengefilde des Nilufers nisteten. Im Süden des Stadtzentrums lagen zwei große Anlagen: Kom el-Nana und Maru-Aton.
Kom El-Nana war ein großer Kultkomplex mit zahlreichen Bauten. Maru-Aton war eine Gartenanlage mit den Maßen 60 x 100 Metern, die den Namen der ältesten Tochter Echnatons führte. Sie bestand aus einem Haupt-

garten im Norden und einer kleinen Gartenanlage im Süden sowie einem größeren Empfangsgebäude mit einer fünfschiffigen Haupthalle, mehreren Peristylhöfen und einem Altarhof sowie einem flachen Wasserbecken mit einer Tiefe von nur einem Meter. Die Gartenanlage Maru-Aton diente mit ihren Schatten spendenden Baumalleen, Pflanzen und Sträuchern der königlichen Familie als Rückzugsort der Erholung und Entspannung.

Friedhöfe[55]

Da Amarna nur kurze Zeit bewohnt war, waren nur wenige Gräber fertiggestellt und belegt. Soweit Darstellungen in Gräbern erhalten geblieben sind, vermitteln sie ein Bild von den geänderten Jenseitsvorstellungen Echnatons, der ein Weiterleben im Jenseits nur in Verbindung mit seiner göttlichen Existenz für möglich hielt.
Friedhöfe lassen sich in Amarna an mehreren Stellen nachweisen. So befand sich ca. vier Kilometer nordöstlich des Stadtzentrums, in der Nähe der Grenzstele Nr. 5 der Nordfriedhof, ca. vier Kilometer südwestlich des Zentrums der Südfriedhof und ca. elf Kilometer in einem Seitental des Wadi die Begräbnisstätte der königlichen Familie. Über deren Errichtung schrieb Echnaton bereits auf den Grenstelen:

„Man baue mir ein Grab in dem Berg von Achet Aton. Man bestatte darin auch die große königliche Gemahlin [...] und man bestatte darin die königliche Tochter Meritaton.“[56]

Zu Echnatons Grab gelangt man durch ein leicht ansteigendes Wadi im östlichen Gebirge von Amarna. Vom Eingang führt ein absteigender Korridor von 50 Metern Länge bis zu einem tiefen Brunnenschacht, der heute durch eine Holzbrücke überdeckt wird. Von dort gelangt man in einen Vorraum, daran schließt sich die eigentliche Grabkammer an. In dieser Grabkammer befinden sich zwei bedeutende Darstellungen, eine von Echnaton und Nofretete in Anbetung vor Aton, eine andere, auf der das Königspaar den Tod ihrer zweitältesten Tochter Maket-Aton beklagte, die nach der Geburt ihres Kindes im Kindbett verstorben war. Am Ende des Korridors kommt man zu den drei Maket-Aton Kammern, in denen Fragmente des Sarkophages von Maket-Aton gefunden wurden sowie eine Reliefdarstellung, welche das Leben, den Tod und die Trauer um die verstorbene Prinzessin darstellte. Auf dem Nordfriedhof befinden sich die Gräber hoher Beamter, unter anderem die Gräber des Vorstehers des königlichen

Harems Huja, des Wedelträgers zur Rechten des Königs Ahmose und des Kanzlers und Aufseher der Speicher Panehesi. Auf dem Südfriedhof im Südosten der Stadt liegen die Gräber von Beamten, die sich Verdienste beim Bau der Stadt sowie um die Stadt selbst erworben hatten, so z.B. das Grab des Außenministers Tutu, das Grab des Polizeigenerals Mahu sowie das unvollendete Grab des Gottesvaters Eje, der selbst Pharao wurde.
Die Beamtengräber ähnelten in Aufbau und Konzeption dem Wohnhaus des Grabherrn mit einem Vorraum, einer Empfangshalle mit Säulen oder Stützen sowie einem kapellenartigen Raum mit der Sitzstatue des Grabherrn. Die Wände waren häufig mit Reliefs geschmückt, welche die Königsfamilie sowie die Familie des Grabherrn beim Essen und Trinken, umgeben von Höflingen und Asiaten darstellten. Der Umfang der Stadt wuchs ständig. Neue Viertel entstanden um neue Zentren, so dass sich am Ende der Regierungszeit Echnatons Achet-Aton etwa sechs Kilometer am Nil entlang in einer Folge von Siedlungen, die durch Grünflächen getrennt waren, erstreckte.

Das Ende von Achet-Aton[57]

Die Stadt Achetaton sollte nach dem Wunsch ihres Erbauers Echnaton eine Ewigkeit bestehen: „Bis der Schwan schwarz und der Rabe weiß wird, bis die Berge aufstehen zu wandern und das Wasser bergan fließt."[58] Dieser Wunsch erfüllte sich nicht.
Nach Echnatons Tod wurde Achet-Aton für immer aufgegeben. Die Residenz wurde geschleift, die Bausteine in anderen Bauten verwendet. Dann deckte der Wüstensand die Ruinen von Achet-Aton für viele Jahrhunderte zu, und die Stadt wurde vergessen, bis sie im 18. Jahrhundert von europäischen Reisenden wiederentdeckt wurde. Im Jahre 1714 beschrieb und zeichnete der französische Jesuitenpater Claude Sicard die Grenzstele in Tuna Gebel. Im Rahmen der ägyptischen Expedition Napoleon Bonapartes kamen französische Gelehrte bis in das Gebiet von Tell-el-Amarna. Dort stellten sie fest, dass sich an diesem Platz eine antike Stadt befunden hatte. Diese Feststellung findet sich in der wissenschaftlichen Dokumentation dieser Expedition: der „Description de l'Egypte"[59]. In den Jahren 1824 und 1826 kam der englische Ägyptologe John Gardiner Wilkinson nach Amarna und beschrieb den Ort in seinem Werk „Manners and Customs of the Ancient Egyptians", im Anschluss daran die preußische Expedition unter Karl Richard Lepsius, der Amarna in „Denkmäler aus Ägypten in Zeichnungen"[60] bei seinen Besuchen 1843 und 1845 festhielt

Die eigentliche archäologische Untersuchung der Stadt begann mit der Grabung des englischen Archäologen Flinders Petrie im Winter 1891/1892.
An die ehemalige prachtvolle Königsresidenz Achetaton erinnern heute nur noch die Gräber in den Ostbergen sowie die wieder freigelegten Ziegelgrundmauern des Nordpalastes.

2.12. Die Regentschaft Echnatons

Die Regentschaft Echnatons war weniger durch die Außenpolitik und Kriege, sondern durch Kunst und Kultur, Religion und Spiritualität geprägt. Echnaton und Nofretete waren die Repräsentanten ihres Gottes Aton und Oberpriester des Aton-Kultes und damit ausschließlich Vermittler zwischen Aton und den Gläubigen. Sie ließen sich wie Götter anbeten und bildeten mit Aton eine Art 'Dreifaltigkeit'.
Nofretete als Hauptfrau Echnatons wurde zu einer Art Mitregentin gemacht und mit den pharaonischen Machtsymbolen ausgestattet. Einige nehmen sogar eine Mitregentschaft von Nofretete in den späten Regierungsjahren des Echnatons an. Nofretete assistierte ihrem Ehemann bei allen Kulthandlungen, selbst beim symbolischen „Niederschlagen der Feinde“ und wird dabei in einer Triumphpose abgebildet wie sonst nur der Pharao. Echnaton umgibt sich mit einer neuen Beamtenschaft, die aus den unteren Schichten des Volkes oder aus dem Ausland stammte, die innerhalb kurzer Zeit, soweit sie dem König loyal diente, einflussreiche Stellen einnahm. Dies ermöglichte Echnaton eine radikale Umgestaltung des Staates und der Gesellschaft.
Die Regierungszeit Echnatons war geprägt von gewaltigen Umwälzungen und Veränderungen, Tempelschließungen, Verfolgung, Beschlagnahme von Tempelgütern, Verwahrlosung der Bildnisse der alten Götter. Dennoch wurden hierdurch die Grundlagen der ägyptischen Religion nicht zerstört, sondern nach dem Tod Echnatons wiederbelebt.

2.13. Die Außenpolitik Echnatons[61]

Außenpolitisch wurde Echnaton vielfach als realitätsferner, blauäugiger Pazifist hingestellt, dessen Pazifismus und utopischer Internationalismus für Ägypten im Laufe seiner Regierungszeit immer gefährlicher wurde genauso wie sein Glaube an den von Aton gesicherten Weltfrieden und an

die Eintracht und den Frieden unter Völkern, die bislang ihm und Ägypten feindlich gegenüberstanden.
Dabei ließ sich Echnaton wohl von dem Gedanken leiten, dass allein der Vollzug der Riten, die Verehrung seines Gottes Aton und seine Moralität im Umgang mit seinem Gott und seinen Mitmenschen seines Umfeldes ausreichten, um die Aufrechterhaltung der Weltordnung zu sichern. Er war der Überzeugung, dass Aton die Weltherrschaft seines Sohnes Echnaton sichern und vollenden würde. Er verzichtete in Verkennung der damaligen außenpolitischen Lage deshalb auf eine Ausdehnung und Sicherung seiner Herrschaft durch militärische Aktionen. Stattdessen gerierte er sich als feinsinniger Schöngeist und Ästhet, der sich in Amarna mit seltenen Pflanzen und Tieren umgab und dem eine Liebe zur Kunst und Spiritualität nachgesagt wurde. Die gefährliche, außenpolitische Situation während der Regierungszeit Echnatons spiegeln die sogenannten Amarnabriefe (Tontafeln in Keilschrift) wider, die in Amarna im Staatsarchiv gefunden wurden. Die ersten Funde stammten aus dem Jahre 1887, als eine Bäuerin in Amarna an der Stelle, wo sich einst das Staatsarchiv von Achetaton befunden hatte, mit Keilschriftzeichen beschriftete Tontafeln ausgrub.
Die wichtigsten außenpolitisch notwendigen Verhandlungen und Militärmissionen ließ er durch hohe Staatsbeamte durchführen Dies bezeugt z.B. ein Ausschnitt aus der Siegesstele von Buhen, der über einen nubischen Feldzug berichtet, der vermutlich von Thutmosis, dem Vizekönig von Kusch, im zwölften Regierungsjahr Echnatons durchgeführt wurde:

„Da gab seine Majestät dem Königssohn von Kusch und Vorsteher der südlichen Fremdländer Anweisung, ein Heer aufzustellen, um die Feinde vom Fremdland Akujati niederzuwerfen, Männer ebenso wie Frauen. Man fand den Feind auf der östlichen Seite des Flusses. Es erbeutete sie der kraftvolle Arm des Herrschers in einem Augenblick, und in der Wüste fand ein großes Gemetzel statt, und Fliehende wurden niedergestreckt, als hätten sie nie existiert. Akujati war angeberisch von Herzen, aber der wilde Löwe, der Herrscher hat sie niedergestreckt auf Befehl seines Vaters Aton, in Tapferkeit und Stärke.“[62]

Der Text ist jedoch rein symbolisch zu verstehen. Genausowenig wie Echnaton die Bauten in Amarna mit eigener Hand errichtet hatte, hat er die Feinde nicht mit eigener Hand vernichtet. Der Stelentext berichtet, dass Echnaton selbst den Befehl zum Aufstellen des Heeres gegeben hat. Dies widerspricht der vielfach geäußerten Vermutung, dass Echnaton ausschließlich ein pazifistischer Träumer gewesen ist. Insoweit kann er als Hinweis dafür gewertet werden, dass Echnaton sich durchaus für die Sicherheit Ägyptens verantwortlich fühlte und bereit war, sein Land notfalls auch mit Waffengewalt zu verteidigen.

2.14. Echnatons Diplomatie in Bezug auf die Nachbarländer[63]

Abgesehen von gelegentlichen Militäreinsätzen zur Verteidigung Ägyptens pflegte Echnaton wie vorher auch sein Vater Amenophis III. einen regen diplomatischen Umgang mit den Nachbarstaaten. Amenophis III. hatte im Rahmen der von ihm verfolgten engen außenpolitischen Beziehungen zu seinen Nachbarstaaten, insbesondere zu dem damals einflussreichen Mitanni, sogar Giluchepa, die Schwester des verbündeten Mitanni Königs Tuschratta als Nebenfrau genommen, um durch diese politische Heirat sein Bündnis mit den Mitanni zu festigen. Davon zeugt ein reger diplomatischer Briefwechsel, der von Tutu, dem syrischen Beamten Echnatons, aber auch von Nofretete und anfänglich auch von seiner Mutter Teje geführt wurde. Ein Teil dieses diplomatischen Briefwechsels, die sogenannten Amarnabriefe, ist in Form von keilschriftlichen Tontafeln im Staatsarchiv archiviert und erhalten geblieben.
Die Korrespondenz gab die damalige außenpolitische Situation wieder. Die Hethiter unter dem König Suppiluliuma I. bedrohten von ihrem Stammland in der Türkei den mit Ägypten verbündeten Staat der Mitanni. Andererseits respektierten die Hethiter den Einfluss Ägyptens in Palästina und Syrien. Deshalb hatte Echnaton keinen Grund militärisch einzugreifen. In den Fürsten Aziru von Amurru, einem Kleinstaat zwischen Ugarit und Byblos im heutigen nördlichen Teil vom Libanon, und Aitakama von Kadesch, einer Stadt am Orontes, der in das Lager der Hethiter überwechselte, entstanden für das ägyptische Reich dennoch außenpolitische Gefahrenherde. Bitten der ägyptentreuen Vasallen und Notrufe nach Hilfe und Unterstützung an Echnaton blieben unerhört. Mit dem Verlust der nördlichen Hafenstädte sowie Ugarit und Byblos verlor Ägypten strategisch wichtige Stützpunkte an den Hethiterkönig Suppiluliuma sowie mit der Ermordung des Mitanni Königs Tuschratta einen wichtigen Verbündeten. Dieser gefährlichen Entwicklung sah Echnaton nicht nur tatenlos zu, sondern überließ die Außenpolitik seinen Beamten. Zwar blieb das mitannische Reich auch nach der Niederlage unter der Oberhoheit der Hethiter

bestehen. Für die Ägypter bestand jedoch kein Grund zum militärischen Eingreifen, da die Hethiter zunächst die bestehenden Machtverhältnisse in Syrien und Palästina unter der Oberhoheit Ägyptens respektierten. Erst gegen Ende der Regierungszeit des Echnaton wandten sich Qadesch und Amurru von Ägypten ab und liefen zu den ihnen mächtiger erscheinenden Hethitern über.

In einem der ersten Briefe beglückwünscht der König der Hethiter Suppiluliuma Echnaton noch zu seiner Thronbesteigung. Zur Einweihung der neuen Hauptstadt Achet-Aton erschien eine hethitische Delegation mit Geschenken. Aber bereits kurze Zeit später fragt der Hethiterkönig an, warum man seine Briefe nicht beantworte. Grund der aufgetretenen Spannungen war der Abfall einiger Vasallen in Syrien und ihre Hinwendung zum Einflussbereich der Hethiter, nachdem ihre Hilferufe an Echnaton unbeantwortet geblieben sind oder nur zu halbherzigen und erfolglosen Maßnahmen führten.

Auch in der südlichen Provinz Nubien, in der Echnaton eine rege Bautätigkeit entfaltete, so z.B. mit der Gründung des Ortes Kawa, dem altägyptischen Gematon („Aton wurde gefunden“), kam es zu Unruhen, die vom Vizekönig Thutmosis niedergeschlagen wurde. An den Sieg erinnerte eine Siegesstele im Tempel von Buhen, einem Ort in der Nähe des zweiten Kataraktes. Darin heißt es:

„Erschienen auf dem Thron seines Vaters Aton,
wie Re am Himmel und auf Erden tagtäglich,
seine Majestät war in Achetaton,
als man kam, um ihm zu melden.
Die Feinde vom Land der Akujati sinnen einen Aufruhr gegen Ägypten.
Sie sind schon im Land Nubien hinabgestiegen,
um ihnen den Lebensunterhalt wegzunehmen.
Da gab seine Majestät dem Königssohn von Kusch
und Vorsteher der südlichen Fremdländer Anweisung ein Heer aufzustellen, um die Feinde vom Fremdland Akujati niederzuwerfen,
Männer ebenso wie Frauen.
Man fand den Feind auf der östlichen Seite des Flusses
Nördlich der Steinbruchzisterne.
Es erbeutete sie der kraftvolle Arm des Herrschers in einem Augenblick.
Und in der Wüste fand ein großes Gemetzel statt,
der Fliehende wurde niedergestreckt, als hätte er nie existiert.

Akjuati war angeberisch in seinem Herzen,
aber der wilde Löwe, der Herrscher, er hat sie niedergestreckt,
auf Befehl seines Vaters Aton, in Tapferkeit und Stärke“.[64]

Einen außenpolitischen Höhepunkt bildete im zwölften Regierungsjahr Echnatons der Auftritt ausländischer Gesandtschaften in Achet-Aton, die dem König Handelsprodukte sowie Kostbarkeiten und Schätze ihrer jeweiligen Länder als Tributleistungen überbrachten. Dieses Ereignis wurde auf Reliefdarstellungen in zwei Felsgräbern in Amarna festgehalten, dem Grab des Huja, Haushofmeister der Königinmutter Teje und des Merire, Haushofmeister der Königin Nofretete. Auf der linken Bildhälfte ist die königliche Familie in einem schreinartigen Gebäude dargestellt. Im Vordergrund sitzt Echnaton auf einem Thronsessel. Er hält Nofretetes Hand, wobei diese fast völlig verdeckt ist. Hinter dem Königspaar sind alle sechs Töchter abgebildet. Im oberen Teil des Baldachins sieht man Merit-Aton, Maket-Aton und Anches-pa-Aton, im unteren Teil sind die drei jüngeren Schwestern abgebildet. Über der Königsfamilie thront Aton und breitet seine Strahlenarme über die Familie aus. Im rechten Teil der Darstellung sind die Tributbringer mit ihren Gaben abgebildet. Zu den Gaben gehören auch Geparden und Gazellen, außerdem werden Gefangene in Stricken vorgeführt. Um die königliche Familie zu erfreuen, werden auch Tänze und Kampfspiele von den ausländischen Gästen vorgeführt. Es handelt sich um die letzte Darstellung, auf welcher die Königsfamilie zusammen in der Öffentlichkeit dargestellt ist.

2.15. Das Ende der Amarnazeit[65]

Nach dem zwölften Regierungsjahr häuften sich für Echnaton und seine Familie die persönlichen Katastrophen.
Im 13. Regierungsjahr Echnatons starb Echnatons zweitälteste Tochter Maket-Aton und wurde im königlichen Familiengrab beigesetzt. Auf Reliefs in der Grabkammer sind Echnaton und Nofretete noch zusammen in Klage vor dem Totenbett ihrer Tochter dargestellt. Möglicherweise starb Maket-Aton im Wochenbett, wobei Echnaton wohl selbst der Vater des Kindes war, das in der Reliefszene von einer Amme aus dem Sterbezimmer getragen wurde. Nach dem 13. Regierungsjahr verschwand Nofretete aus dem öffentlichen Leben und auch aus dem Leben Echnatons sind nur wenige Fakten bekannt. Das Verschwinden Nofretetes aus dem öffentli-

chen Leben ist verwunderlich, da sie bislang an allen staatlichen und religiösen Akten des Königs mitbeteiligt war. Man deutet dies damit, dass sie möglicherweise gestorben sei oder von Echnaton verstoßen wurde und anschließend im Nordpalast von Amarna ein zurückgezogenes Leben führte. Ihre Rolle auf der staatlichen Bühne wurde von ihrer ältesten Tochter Merit-Aton übernommen. Es besteht eine andere Theorie, deren Vertreter insbesondere Maciejewski ist. Danach hat Nofretete entgegen allen bisherigen Annahmen Echnaton überlebt und nach ihm den Thron bestiegen. Für diese Theorie beruft man sich auf einen Steinsarkophag im Garten des Ägyptischen Museums in Kairo, in dessen Ecken Nofretete als Schutzgöttin ihres verstorbenen Gatten dargestellt wird. Als ein weiterer Hinweis wird ein kleines Relief angeführt, das Nofretete wie einen Pharao beim Erschlagen von Feinden zeigt.

Der Tod Echnatons ist wahrscheinlich in seinem 17. Regierungsjahr eingetreten. Echnaton wurde wohl zunächst in der neuen Königsgruft von Amarna bestattet. Im Jahre 1907 entdeckte Theodore Davis bei seinen Grabungen im Tal der Könige das Grab Nr. 55 mit einer Mumie, die lange Zeit für die Echnatons gehalten wurde. Eine weitere Untersuchung des Grabes brachte Fragmente des Sarkophages und einige Hinweise auf die Grabausstattung zutage. Neuere Untersuchungen des Grabes und dessen Ausstattung durch deutsche Humangenetiker haben ergeben, dass Echnaton tatsächlich in diesem Grab bestattet wurde.

Es ist weiterhin nicht geklärt, ob Echnaton seinen Nachfolger Semench-Ka-Re mit seiner ältesten Tochter Merit-Aton verheiratete und ihn zu seinem Mitregenten ernannte oder ob er selbst seine älteste Tochter Merit-Aton heiratete und diese ihn nach seinem Tod auf dem Pharaonenthron für ein Jahr beerbte, bevor sie dann Semench-Ka-Re heiratete und diesen, damit als Pharao legitimierte.

Für eine Mitregentschaft Semench-Ka-Res mit Echnaton soll eine Darstellung sprechen, die von Aldred sogar als Nachweis einer homosexuellen Beziehung zwischen Echnaton und Semench-Ka-Re gedeutet wird. Wahrscheinlicher ist jedoch, dass es sich bei der Person, die als Semench-Ka-Re von Aldred angesehen wurde, um Merit-Re oder Nofretete handelt, die Echnaton am Kinn berührt, während Echnaton zärtlich den Arm um sie legt. Nach Tod Echnatons lösten sich seine Nachfolger schnell ab. Wahrscheinlich ist, dass Semench-Ka-Re der direkte Nachfolger Echnatons war. Dieser hatte denselben Titel wie Nofretete, „Geliebt von Wa-en-Re“, inne, was wiederum einige dazu verleitet hat, Semench-Ka-Re mit Nofretete gleichzusetzen. Herrschende Meinung unter den Ägyptologen ist jedoch, dass Nofretete vor Echnaton in dessen zwölften oder 14. Regierungsjahr verstarb. Nachfolger Semench-Ka-Res, der nach nur 3 Regierungsjahren verstarb, war Tutanchamun, von dem man annimmt, dass er der Sohn Echnatons und einer Nebenfrau war. Er wurde nur 19 Jahre alt (1347-1338 v. Chr.). Eine Lösung des Rätsels über die Abstammung Tutanchamuns fand nunmehr ein Forscherteam um den Tübinger Anthropologen und Humangenetiker Carsten Pusch und Albert Zink, ebenfalls Anthropologe und Leiter des Bozeners Ötzi Museums. In zweijähriger Laborarbeit ist es ihnen mittels DNA-Analysen gelungen, die Abstammung Tutanchamuns zu entschlüsseln. Dazu haben sie insgesamt fünfzehn Mumien, die alle der Dynastie Tutanchamuns zuzuordnen sind, untersucht und aufgrund eines Fünf-Generationen-Stammbaums Mutter und Vater Tutanchamuns ermittelt. Dabei haben sie herausgefunden, dass die Mumie im Grab KV 55 im Tal der Könige tatsächlich Echnaton und nicht wie vorher angenommen Semench-Ka-Re war. Offenbar wurde Echnaton durch seinen Sohn Tutanchamun in der Zeit der Aufgabe der Residenz von Amarna nach Theben in das Grab KV 55 umgebettet. Die in diesem Grab gefundenen Siegelabdrücke Tutanchamuns sprechen dafür, dass Echnaton in Achetaton exhumiert wurde und zwar in den ersten Regierungsjahren des Tutanchatons, noch bevor er seinen Namen in Tutanchamun änderte und dann ins Tal der Könige umgebettet wurde.

Als Mutter Tutanchamuns wird weiterhin die als „Young Lady“ bezeichnete Mumie aus dem Grab KV 35 im Tal der Könige angesehen. Dabei handelt es sich nach der Untersuchung des Forscherteams um eine Schwester Echnatons. Wegen der großen Übereinstimmung des Erbgutes der Mumie aus dem KV 55 und der Mumie der „Young Lady“ aus dem KV 35 wird vermutet, dass es sich bei den Eltern von Tutanchamun um Geschwister handelte. Damit wäre eine der Schwestern Echnatons die Mutter von Tutanchamun. Andererseits wird die Ansicht vertreten, dass es bei der Übereinstimmung des Erbgutes nicht unbedingt um eine Schwester handeln muss, sondern es sich auch um eine Kusine des Echnaton handeln kann. Damit käme selbst Nofretete als mögliche Mutter Tutanchamuns in Frage. Nach Ansicht von Maciejewski war Kija, die mit Satamun identisch sei, die Mutter Tutanchamuns.

Außerdem fand das Forschungsteam anhand der DNA-Analysen heraus, dass Tutanchamon seit seiner Kindheit an einem schmerzhaften Knochenleiden litt, das den linken Fuß deformierte und ihn hinken ließ. Zusätzlich

soll er sich an einer Malaria tropica infiziert haben. Zusätzliche Defekte verursachten bei Tutanchamun eine Kieferspalte und degenerative Erscheinungen der Wirbelsäule. Ein Bruch des linken Oberschenkels infolge eines Sturzes und eine davon bedingte Wundinfektion sollen nach einem Malariaanfall zum Tod des jungen Pharaos geführt haben. Als Beweis für eine derartige Diagnose wird die Darstellung vom Gartenspaziergang Tutanchamuns aus dem Museum in Berlin angesehen. Bereits der Museumsdirektor Dietrich Wildung vermutete 1980, dass die lässige Eleganz, in der sich der junge Pharao an einen bis zu seiner Achsel reichenden Stab lehnt und sinnend den Duft einer Lotosblüte einatmet, den seine Frau ihm reicht, ein dezenter Hinweis auf eine Gehbehinderung darstellt.
Nach dem Tode Echnatons kam es zu einer Restauration und Wiedereinsetzung der alten Gottheiten und deren Priester. Tutanchamun und seine Nachfolger Eje und Haremhab setzten die alten Götter wieder ein. Mit der Einsetzung der alten Gottheiten wurde auch die Vorstellung von der Duat, der Unterwelt wiederbelebt und der Fahrt der Nachtsonne durch die Unterwelt, um die Seelen der Verstorbenen mit lebensspendenden Energien zu versorgen. Hiervon gibt die Restaurationsstele Tutanchamuns Zeugnis, die folgenden Wortlaut hatte:

„Als seine Majestät als König erschien, da waren die Tempel der Götter und Göttinnen von Elephantine bis hin zu den Lagunen des Deltas im Begriff vergessen zu werden und ihre heiligen Stätten im Zustand des Unterganges, zu Schutthügel geworden, die mit Unkraut bewachsen sind, ihre Gotteshäuser waren wie etwas, das es nicht gibt, und ihre Tempel waren ein Fußweg. Das Land machte eine Krankheit durch, die Götter, sie kümmerten sich nicht um das Land. Seine Majestät schafft Denkmäler für die Götter, bildet ihre Kultstatuen aus echtem Elektron vom Besten der Fremdländer, er erbaut ihre Gotteshäuser neu als Denkmäler der Ewigkeit, trefflich versorgt für immer.“[66]

Zwar bleibt die Königsresidenz noch für zwei weitere Jahre in El-Amarna, erst 1345 wird sie nach Memphis verlegt.
Ägypten kehrte jedoch nicht einfach zum traditionellen Polytheismus zurück, sondern versuchte, zwischen der neuen Idee Echnatons von der Einheit Gottes und der traditionellen Göttervielfalt Kompromisse zu finden durch die Idee des „Einen Verborgenen Gottes“, der sich in der Vielfalt der Götter als seinen Namen, Symbolen, Bildern, Gliedern und Erschei-

nungsformen manifestiert. Aton lebte nach dem Tod Echnatons in der Erscheinungsform des Sonnengottes weiter, als Atum-Harachte sowie als Aton in der Form der Sonnenscheibe. Er unterlag insoweit nicht den Verfemungen wie Echnaton, sondern blieb Bestandteil der weiter bestehenden Sonnenverehrung. Er nahm damit die Bedeutung an, die er in der Sonnentheologie der Vor-Amarnazeit hatte. So heißt es z.B. in der Stele Nr. 551 des Haremhab, die sich im Britischen Museum in London befindet:

„Du bist am Horizont des Himmels erschienen, du bist vollendet und verjüngt als Aton. Dir jubeln die Bas des Westens zu."

Erst die Könige der Ramessidenzeit, der 19. Dynastie taten alles, um die Erinnerung an Echnaton im Sinne einer „damnatio memoriae" auszulöschen. Aton wird nicht mehr genannt, aber auch nicht mehr verfolgt, sein Andenken verblasst in den folgenden Jahren. Für die folgende Ramessidenzeit gilt in den Königslisten auf den Wänden des Totentempels Sethos I. Haremhab (1333-1306) als erster legitimer König seit Amenophis III. Echnaton, Nofretete, Semench-Ka-Re, Tutanchamun und Eje werden ignoriert. Auf dem Denkstein des Königs Sethos I. für die Kapelle seines Vaters Ramses I. werden die chaotischen Zustände vor dessen Thronbesteigung wie folgt beschrieben: „Alle Welt stritt wie die Jünglinge, die wüten zur Zeit des Re. Man hörte nicht auf, bis er davonging."
Unter Ramses II. wurden die Namenslöschungen Echnatons und Atons gezielt fortgesetzt. Trotz der *damnatio memoriae* ist Echnaton in Ägypten niemals vergessen, sondern nur verdrängt worden. Echnaton und die Amarnazeit wirkten traumatisierend auf Ägypten. Dieses Trauma verband sich rückwirkend mit anderen Fremdherrschaften, den Hyksos sowie mit den Assyrern, Persern und letztlich auch mit den Juden. Im Rahmen der Gedächtnis- und Verdrängungsgeschichten wuchsen, wie wir noch sehen werden, letztlich die Gestalten von Echnaton und Moses zusammen.

2.16. Nachwirkungen Echnatons in der Literatur[67]

Echnaton verfasste keine Schriften, durch die seine Religion der Nachwelt erhalten blieb. Einzig allein der Sonnengesang aus dem Grab des Aja (Eje) wird ihm zugeschrieben. Dieser wurde 1895 durch den Amerikaner James Henry Breasted in seiner Berliner Dissertation[68] zum ersten Mal vollständig bearbeitet, anschließend von so bedeutenden Ägyptologen wie Griffith, Maspero und Erman. Eine Nachdichtung des Sonnengesanges stammt von Franz Werfel. In diesem wird sein monotheistisches Gedankengut deutlich erkennbar, wenn er den Gott Aton mit den Worten preist:

„Du bist in meinem Herzen,
Kein anderer ist, der dich kennt,
außer deinem Sohn Echnaton,
Seit du die Erde gründetest,
hast du sie aufgerichtet für deinen Sohn,
der aus dir selbst hervorging,
den König, der von der Wahrheit lebt,
den Herrn der beiden Länder.“[69]

Rainer Maria Rilke sah 1913 die Darstellung Echnatons in Berlin und widmete ihr unter dem Titel „Kopf Amenophis IV. in Berlin“ ein Gedicht:

„Wie junge Wiesen, blumig, einen Abhang durch einen leichten Überzug von Wachstum teilnehmend machen am Gefühl des Jahres, windwissend, fühlend, milde, beinahe glücklich über des Bergs gefährlich-schräger Bildung: so ruht Gesicht, hinblühend, mildvergänglich auf dieses Schädels Vorderflächen, die, absteigend, wie mit eines Weinbergs Neigung, zum All sich halten, Strahlendem gegenüber.“[70]

Auf den Sonnenhymnus Echnatons geht wahrscheinlich Psalm 104 zurück. Dies gilt insbesondere für die Psalmverse 20 bis 25, die folgenden Wortlaut haben:

„Du machst Finsternis, dass es Nacht wird,
da regen sich alle wilden Tiere.
Die jungen Löwen, die da brüllen nach dem Raub
und ihre Speise suchen von Gott.
Wenn aber die Sonne aufgeht, heben sie sich davon
und legen sich in ihre Höhlen.
So geht dann der Mensch aus an seine Arbeit
und an sein Ackerwerk bis an den Abend.
Herr wie sind deine Werke so groß und viel.
Du hast sie alle weislich geordnet,
und die Erde ist voll deiner Güter.

Da ist das Meer, das so groß und weit ist,
da wimmelts ohne Zahl, große und kleine Tiere."[71]

Die dadurch gezeigte Naturverbundenheit des Sonnenhymnus Atons sowie des Psalms 104 zeigt vor allem auch Parallelen mit einem anderen bedeutenden christlichen Literaturwerk dem Sonnengesang des Franz von Assisi, bei dem ebenfalls die von Gott wunderbar erschaffene Natur im Mittelpunkt steht.[72]

2.17. Der Aton-Kult Echnatons als Monotheismus, Ägypten als Wiege des Monotheismus[73]

Der Aton-Kult Echnatons wird von Ägyptologen, Religionswissenschaftlern und Historikern als erste monotheistische Religion in der Menschheitsgeschichte und damit Ägypten als Wiege des Monotheismus angesehen. Dabei sind die Begriffe Monotheismus, Polytheismus und Henotheismus Wortschöpfungen der Neuzeit.
Der Begriff Monotheismus wird erstmals im 17. Jahrhundert von dem englischen Theologen und Philosophen Henry More verwendet. Er stammt aus dem Griechischen und leitet sich von griechisch „monos", „allein", und von „theos", „Gott", ab. Er dient zur Bezeichnung von Religionen und philosophischen Lehren, die einen allumfassenden Gott anerkennen. Der Monotheismus unterscheidet sich damit vom Polytheismus, d.h. von Religionen, die viele Götter anerkennen und verehren. Im Einzelfall ist die Unterscheidung zwischen Monotheismus und Polytheismus schwierig, insbesondere in Fällen des Henotheismus, bei dem Menschen bei einer Vielheit von Gottheiten nur eine verehren, de facto also Monotheisten sind. Bezeichnend für den Henotheismus ist die Hingabe an nur einen Gott, ohne das Vorhandensein anderer Götter zu leugnen.
Als monotheistische Relgionen gelten gemeinhin das Judentum, das Christentum, der Islam sowie die Bahai-Religion, da sich bei ihnen Gott über eine Heilige Schrift (Altes bzw. Neues Testament, Koran oder den Kitab-i-Aqdas bei der Bahai-Religion) offenbaren.
Der Monotheismus tritt nach Assmann[74] in zwei Formen auf als „Inklusiver Monotheismus", welcher sich auf die Formel zurückführen lässt: „Alle Götter sind eins" oder als exklusiver Monotheismus mit der Formel: „Keine anderen Götter" oder „Kein Gott außer Gott".

Die Form des „inklusiven Monotheismus“, der in der antiken Welt weit verbreitet in Ägypten und Mesopotamien, aber auch im Hellenismus und in Rom üblich war, entwickelte sich aus einem Polytheismus, der letztlich zu der Einsicht gelangte, dass alle Götter eins sind. Die zweite Form des exklusiven Monotheismus, der für die Religion Echnatons steht und auf dem die christliche, jüdische und islamische Religion basiert, hat eine Revolution zum Ausgangspunkt, einen Bruch mit der bisherigen Religion und Götterwelt. Als typische Kennzeichen für den Monotheismus werden die Gottesvorstellung, das Menschenbild sowie dessen Weltbild und Offenbarung angesehen. Die Gottesvorstellung beim Monotheismus wird dadurch bestimmt, dass er nur einen einzigen Gott anerkennt. Dabei handelt es sich um einen personalen, individuellen Gott, männlichen Geschlechts, der als allwissend, allmächtig und allgegenwärtig bezeichnet wird und aufgrund dieser ihm zugeschriebenen Eigenschaften aus dem Jenseits das Handeln auf Erden und das Weltgeschehen bestimmt. Dabei kann der Gott selbst auf Erden gelebt haben wie Jesus als Sohn Gottes oder Mohammed als Prophet Allahs. Ihm werden absolute göttliche Eigenschaften zugeschrieben wie unfehlbare Gerechtigkeit, allumfassende Liebe und Güte.
Vielfach ist es den Menschen verboten, sich ein Bild von diesem Gott zu machen. Dadurch soll der Götzendienst ausgeschlossen werden. Es soll verhindert werden, dass man sich ein falsches Bild dieses Gottes macht und es anbetet. Für den Monotheismus typisch ist, dass der Mensch einen unsichtbaren Gott anbetet und nicht ein von ihm geschaffenes Bild von einem Gott. Die Gläubigen können zu dem Gott im Gebet in Verbindung treten. Bei diesen Gebeten kann es sich um rituelle Gebetstexte, aber auch um vom einzelnen Gläubigen selbst erfundene und gestaltete Gebete handeln. Inhaltlich bestimmen sich die monotheistischen Religionen nach den Heiligen Schriften, die als Worte Gottes gelten: im Judentum das Alte Testament (Tanach), im Christentum das Neue Testament sowie im Islam der Koran. Kennzeichnend für den jüdischen Monotheismus ist im Unterschied zum friedvollen Aton-Monotheismus Echnatons seine Prägung durch Gewalt, Hass und Schuld. Der Grund hierfür liegt in den unterschiedlichen historischen Gegebenheiten zu Zeiten Echnatons, einer Zeit des Friedens und der Zeit des Aufkommens von Jahwe, einer Zeit, in der das jüdische Volk sich in einem Kampf um seine Existenz befand.
Die letzten Grabungen in Amarna unter Leitung von Donald Redford und Barry Kemp haben ergeben, dass das Aushacken von Namen und Bildern der anderen Gottheiten nicht in einer Art Bildersturm, sondern eher spora-

disch erfolgte und auch die Tempel nicht systematisch zerstört wurden. Götter wie Thot und Ptah oder Schutzgottheiten wie Bes und Thoeris scheinen gänzlich verschont worden zu sein.
Der Weg Echnatons zu einem monotheistischen Glauben unter strenger Beschränkung auf den einen Gott Aton und die Ausschaltung der anderen Gottheiten vollzogen sich deshalb über Jahre hinweg, in denen die Lehre immer reiner ausgestaltet wurde. Zu Beginn seines Regierungsantritts und in den ersten fünf Jahren seiner Regierungszeit duldete Echnaton andere Gottheiten neben seinem Gott Aton, eine Haltung, die eher als Henotheismus angesehen werden könnte. Ab dem sechsten Regierungsjahr erhob Echnaton jedoch seinen Gott Aton zum alleinigen Gott unter strikter Leugnung der anderen Gottheiten.
Nach Ansicht von Assmann vollzog Echnaton damit eine Änderung seiner Sichtweise Atons in seinem „Denken des Einen“ von einem „Es gibt keinen anderen als seinesgleichen“ in den Anfangsjahren hin zu einem Denken „Es gibt keinen anderen außer ihm“.
Der monotheistische Wesenszug Aton zeigt sich danach in drei Ebenen:[75]
1. In der Formulierung wie „kein anderer außer ihm“, die den Anspruch auf Ausschließlichkeit erhebt im Sinne von: Außer ihm existiert kein anderes göttliches Wesen weder eine weibliche Partnerin noch ein Widersacher. Echnaton duldete neben seinem Gott Aton keine Konkurrenz.
2. Die Verfolgung und Vernichtung der anderen Gottheiten.
3. Die Existenz eines Kultes, der allein dem Aton gilt.
Echnaton war der erste Denker in der Antike, der die gesamte Natur- und Menschenwelt aus einem Prinzip zu erklären suchte. Im Mittelpunkt seiner Religion stand das Licht, das durch die Sonne, Aton verkörpert wurde. Diesem hat er seinen Sonnengesang gewidmet. Der Sonnengesang Echnatons vermittelt uns tiefe Einblicke in das neugeformte Wesen des Aton. Im Mittelpunkt dieser Dichtung steht der Lobpreis Atons als Schöpfer und Erhalter der Welt. Die Wandlungen Echnatons vom „Denken des Einen“ (Aton) von den Anfangsjahren bis zur Mitte seiner Regierungszeit hat aber auch zu verschiedenen anderen Theorien in der Beurteilung des Monotheismus des Aton-Kultes geführt. So wurde unter anderem geltend gemacht:

- Echnaton wollte einen Monotheismus einführen, das Volk, die Priester und andere wehrten sich jedoch dagegen; deshalb gibt es archäologische Zeugnisse für andere Götter.
- Echnaton wollte lediglich eine Bevorzugung seines Gottes Aton.

- Echnaton wollte einen Monotheismus, zog sich in seine Stadt Achet Aton zurück und überließ das Land sich selbst. Achet-Aton war eine religiöse Enklave, das übrige Land war Echnaton egal.

Man kann jedoch davon ausgehen, dass Echnaton von Anfang an einen Monotheismus einführen wollte. Das übrige Volk mit seinen Funktionsträgern tat sich jedoch damit schwer. Deshalb duldete Echnaton die anderen Götter in einer Art Übergangsphase.

Nach Ansicht von Maciejewski[76] handelt es sich bei der Aton-Religion nicht um einen Monotheismus, sondern um ein theokratisches System im Sinne eines Gottesstaates. Danach soll die religionspolitische Großtat Echnatons in der Aufrichtung des weltgeschichtlichen ersten Gottesstaates in Achet-Aton bestanden haben. Aton herrschte als König mit Königstitulatur, Uräus, Hebsed-Fest über den heiligen Bezirk von Achet-Aton, vergleichbar mit dem Gottesstaat des Herihor zum Ende der 20. Dynastie.

Unter einer Theokratie versteht man gemeinhin eine Herrschaftsform, bei der die Staatsgewalt allein religiös legitimiert und von einer göttlich erwählten Person, einer Priesterschaft oder sakralen Institution auf der Grundlage religiöser Prinzipien ausgeübt wird. Ein derartiger Staat wird auch als Gottesstaat bezeichnet. Während der Amarnazeit behält Echnaton jedoch die Königstitulatur und damit auch den „S3 Rc- Namen" bei, der ihn wie seine Vorgänger als königlicher Sohn seines Vaters, des Sonnengottes Re ausweist. Dies lässt darauf schließen, dass Echnaton die Königsherrschaft eigenständig ausübt. Soweit er die Regierungsgewalt jedoch nur stellvertretend für Aton in dessen Auftrag ausübt und tatsächlich nur als Priester seines Gottes Aton auftritt, spricht dies für eine theokratische Struktur. Jedoch spricht die Annahme einer theokratischen Struktur nicht dagegen, die Aton-Religion als Monotheismus zu bezeichnen, da sie alle Voraussetzungen eines Monotheismus erfüllt.

Nach dem Tod Echnatons setzten sich die Vertreter der alten Ordnung durch. Die Regierungszeit und der Atonglaube konnten die alte religiöse Ordnung nicht wirklich erschüttern, die alten Götter wurden weiterhin im Geheimen verehrt, auch bestand die Priesterschaft um den Gott Amun in Theben weiter, wenn auch im Untergrund.

Nach Maciejewski sollen Amarna und der Atonglaube im thebanischen Gottesstaates des Herihor eine traumatische Wiederkehr erlebt haben. Diesen Vergleich halte ich jedoch für fraglich, weil die politischen und gesellschaftlichen Verhältnisse zur Amarnazeit und am Ende der 20. Dynastie völlig unterschiedlich waren und damit nicht vergleichbar sind. Während die politischen und gesellschaftlichen Verhältnisse zu Beginn der Regierungszeit Echnatons aufgrund der von Erfolg und Frieden geprägten Regierung Amenophis III. äußerst stabil waren, herrschten gegen Ende der Regierungszeit Ramses XI. vor allem in Theben chaotische Zustände. Korruption, Bestechung und Grabplünderungen waren an der Tagesordnung. Die Folgen waren ein Aufstand der hungernden Bevölkerung sowie Meutereien und Gewalttaten der libyschen Söldnertruppen. In Theben wurde die Tempelfestung Medinet Habu zerstört und der Hohepriester des Amun Amenhotep vertrieben. Um die Ordnung wiederherzustellen, sandte Ramses XI. den Vizekönig von Kusch, Pa-nehesi, mit einem Heer nach Oberägypten. Diesem gelang es zwar, den Aufstand niederzuschlagen und Amenhotep unter Aufsicht wieder als Hohepriester einzusetzen. Sich selbst machte er zum Oberbefehlshaber über Oberägypten. Wegen seines rücksichtslosen Durchgreifens machte sich Pa-nehesi schon bald verhasst, bis er schließlich durch Pianch vertrieben wurde, den Ramses XI. nach Theben geschickt hatte. Pianch übernahm auch das Amt des Hohepriesters des Amun in Theben. Sein Nachfolger wurde Herihor, ein General vermutlich libyscher Herkunft. Dieser rief den Gottesstaat des Amun, eine Ära der Erneuerung der Schöpfung aus und schmückte sich nach dem Tod Ramses XI. mit dessen Königstiteln. Im Norden regierte Smendes, ebenfalls ein General, der sich ebenfalls als Nachfolger Ramses XI. betrachtete. Die Herrschaft von Pianch und Herihor beruhte jedoch nicht auf ihrem Priestertitel, sondern darauf, dass sie als Generäle machtpolitischen und militärischen Einfluss ausüben konnten. Insoweit ist der thebanische Gottesstaat des Amun nicht als Theokratie, sondern als eine als Wille des Amun getarnte Militärdiktatur anzusehen. In diesem Punkt unterschied der thebanische Gottesstaat sich von der Regierung Echnatons, die nicht als Militärdiktatur nach dem Willen Atons angesehen werden kann.[77]

In dem thebanischen Gottesstaat kann auch deshalb keine traumatische Wiederkehr des Amarnaregimes gesehen werden, weil beide Staaten von den Ägyptern unterschiedlich bewertet wurden. Während Amarna wie auch die Fremdherrschaft der Hyksos, Assyrer und Perser als Unrechtsstaat und damit als etwas tiefgreifend Böses oder Negatives angesehen wurde, sollte der Gottesstaat nach dem Willen der Generäle Amuns genau das Gegenteil sein, etwas Positives, was der Herrschaft der Militärs Pianch und Herihor höheres Ansehen und Wert verleihen sollte. Ihr Staat sollte dadurch auf eine andere Ebene, die religiöse Ebene gehoben werden und damit den Segen der obersten Gottheit des Amun erhalten. Der Gottesstaat des Amun stellte insoweit keine Wiederkehr etwas Bösen dar, etwas was für die Ägypter traumatisch war, sondern war im Gegenteil etwas, das für die Ägypter als akzeptierbar und wünschenswert galt. In erster Linie hatte die Errichtung des Gottesstaates des Amun einen machtpolitischen Hintergrund, indem er die thebanische Herrschaft auch gegenüber Smendes, der im unterägyptischen Tanis König war, sichern sollte.

2.18. Auswirkungen des Monotheismus Echnatons auf die Umwelt Ägyptens und die Nachwelt[78]

Obwohl Echnatons Monotheismus in Ägypten zum Scheitern verurteilt war, hatte er große Auswirkungen auf die ägyptische Geschichte. Nicht nur auf das religiöse Leben, sondern auch auf das politische und gesellschaftliche, auf Sprache, Kunst und Ikonographie.
Echnaton und sein von ihm geschaffener monotheistischer Kult fielen einer gezielten Vernichtung, einer *damnatio memoriae*, anheim. Trotz dieser gezielten Vernichtung des Andenkens Echnatons und seines Aton-Kultes wirkten Aton und seine Religion, insbesondere sein monotheistisches Gedankengut, als „Denken an den Einen“ weiter in der Folgezeit in Ägypten fort, so in den Hymnen der Ramessidenzeit oder auch im Leidener Amunshymnus. Dort heißt es von einem Gott als Weltgott, der fast im pantheistischen Sinne Sonne und Mond, Himmel und Unterwelt, Wasser und Luft ist und Raum und Zeit in den Händen hält:

„Er ist ferner als der Himmel, er ist tiefer als die Unterwelt. Kein Gott kennt seine wahre Gestalt, sein Bild wird nicht entfaltet in den Schriften, man lehrt nicht Sicheres über ihn.“[79]

Zur Zerstörung der Erinnerung an Echnaton gehörte die Zerstörung der von Echnaton und seinem Gott Aton geschaffenenen Bildnisse, die Zerstörung und Schleifung seiner Hauptstadt Achetaton, die Zerstörung seiner spezifischen Kultur, der Amarnakultur und die Tilgung seines Namens in den Königslisten bis hin zur Königsliste des Manetho, welche Haremhab als unmittelbaren Nachfolger von Amenophis III. führt. Damit wurde nicht nur der Namen Echnaton-Amenophis IV. getilgt, sondern auch die Namen seiner unmittelbaren Nachfolger Semench-Ka-Re, Tutanchamun und Eje. Es war eine radikale Abkehr Ägyptens von seinem ungeliebten und verhassten König, indem man ihn in der Folgezeit totschwieg.

Eine ähnliche Erscheinung ist auch bei Echnaton zu beobachten, obwohl er und sein Kult der *damnatio memoriae* unterlagen. Freud hat im Zusammenhang seiner Beschäftigung mit Moses und dessen Verbindung zu Echnaton eine Theorie der Wiederkehr des Verdrängten entwickelt.[80] Es ist undenkbar, dass ein so einschneidendes und schwer traumatisch erlebtes Geschehen wie die Amarnareligion keine Spuren im kollektiven Gedächtnis der Ägypter hinterlassen hat. Zwar finden sich hierfür aufgrund der *damnatio memoriae* keinerlei offizielle Überlieferungen. Die Erinnerung an Echnaton selbst lebte jedoch in mündlich tradierten Geschichten und Legenden unterschwellig in Ägypten weiter, soweit es sich um etwas ging, was als verbrecherisch und verabscheuungswürdig angesehen wurde. Echnaton und seine als verbrecherisch angesehene Religion lebten damit in einer Art Unterströmung in der Erinnerung der Ägypter weiter.[81] Das Gleiche gilt außer für Echnaton für alle von Fremdherrschern wie Hyksos, Assyrer und Perser an Ägyptern und ihren Gottheiten verübten Gräueltaten und Verbrechen. Ein Beispiel hierfür verdanken wir dem jüdischen Historiker Flavius Josephus, der in seinem Buch „Contra Apionem",[82] einer Streitschrift, verschiedene Verleumdungen zurückweist, die den Juden vor allem von ägyptischen Geschichtsschreibern, insbesondere von Manetho, angehängt worden sind.

2.19. Der ägyptische Geschichtsschreiber Manetho und sein Werk „Aigyptiaca", eine ägyptische Exodusgeschichte[83]

Manetho war ein Priester und Berater des Pharaos Ptolemaios II. (283-246 v. Chr.) aus Sebennytos in Unterägypten. Dieser lebte wahrscheinlich zur Zeit der ersten Ptolemäerkönige. Seine bekannteste Schrift ist die „Aigytiaca", eine Geschichte Ägyptens in drei Büchern, die er in der ersten Hälfte der Regierungszeit Ptolemaios II. in altägyptischer und griechischer Sprache verfasste. Das Werk ist schon früh untergegangen.
Nach Plutarch wurde Manetho mit der Einführung des Serapis Kultes beauftragt. So findet sich auf dem Sockel einer Statue im Serapis Tempel der Name Manetho eingemeißelt. Unter den Werken Manethos sind die Aigyptiaca seine wichtigste Schrift. Sie sollte den griechisch-makedonischen Herren Ägyptens, den Ptolemäern, die uralte Geschichte Ägyptens vor Augen stellen und sie dadurch deren Kultur achten lehren. Der Inhalt der Aigyptica ist die Geschichte Ägyptens von den Anfängen bis zur 30. Dynastie des Königs Nektanebos. Sie stellen die Geschichte der Götter,

der Göttersprösslinge, der Totengeister und die sterblichen Könige von der 1. bis zur 30. Dynastie (sogenannte Epitome) dar. Zu jedem König hatte Manetho kurze historische Notizen verfasst.[84]
Das Werk ist uns zwar nicht im Original erhalten geblieben, sondern nur durch Auszüge über Flavius Josephus Werk „Contra Apionem“ I, 73-105 und 227-287 auf uns zugekommen. Die Auszüge wurden zum Teil von Eusebius in seine „Praeparatio Evangelica“ sowie in das erste Buch seiner Chronik aufgenommen. Außerdem hat sie Theophilus in seiner Schrift „Ad Autolycum“ benutzt.[85] Einige Fragmente von Manethos Werk sind in Abschriften von Abschriften erhalten geblieben. Diese wurden von den Abschreibenden ergänzt, verändert oder mit Fälschungen versehen. Sie waren die Vorlage für Flavius Josephus und die christlichen Geschichtsschreiber Julius Africanus und Eusebius, die davon wiederum Abschriften erstellten und diese mit weiteren Ergänzungen versahen. In den durch Flavius Josephus überlieferten „Aigyptiaca“ gibt es unter anderem eine Version der Exodusgeschichte in zwei Teilen. In dem ersten Teil wird die Geschichte der Hyksos in Ägypten, ihre Herrschaft über Ägypten, der Aufstand der Könige von Theben sowie des übrigen Ägyptens gegen die Hyksos und ihre Niederlage und Vertreibung aus Ägypten erzählt. Nachdem die Hyksos Ägypten verlassen hatten, wanderten sie zunächst nach Syrien aus, anschließend aus Furcht vor den Assyrern weiter nach Kanaan, dem heutigen Judäa, wo sie eine Stadt gründeten, die sie Jerusalem nannten. Die Hyksosgeschichte ist abgesehen von Unstimmigkeiten bei den Jahreszahlen und Namensangaben und dem Bericht von der Wüstenwanderung, der Niederlassung in Judäa und der Gründung der Stadt Jerusalem ein ziemlich genauer Geschichtsbericht. Insgesamt lassen sich bei der Hyksosgeschichte Manethos drei Bearbeiter feststellen, welche die authentischen Notizen Manethos zu einer pseudomanethonischen Hyksoserzählung bei Flavius Josephus verfälscht haben.[86]
Zwar werden in der Hyksosgeschichte die Juden nicht namentlich erwähnt. Die Geschichte deutet jedoch daraufhin, dass es sich bei den vertriebenen Hyksos um die Vorfahren des jüdischen Volkes handelte und sie von den Verfassern der Geschichte incidenter mit den Juden identifiziert wurden. Im zweiten Teil des durch Flavius Josephus überlieferten Fragments der Aigyptiaca Manethos wird von einem König Amenophis berichtet, der einmal wie sein Vorgänger Hor die Götter schauen wollte. Sein Ratgeber und Namensvetter, der weise Amenophis Paapis (wohl identisch mit Amenophis Hapu, dem Ratgeber Amenophis III.), rät ihm vorher die

Aussätzigen im ganzen Land zusammenzutreiben und das Land von ihnen zu reinigen, dann würde er die Götter schauen. Damit wird die Geschichte in die Zeit Echnatons datiert. Bei Amenophis handelt es sich wohl um Amenophis III., dem Vater und Vorgänger Echnatons, bei den Aussätzigen um Ägypter, die Anhänger Echnatons und seines Aton-Kultes waren. Da Echnaton selbst aufgrund der *damnatio memoriae* offiziell nicht existierte und deshalb auch nicht genannt werden durfte, wurde die Geschichte an seinen Vorgänger und Vater Amenophis III., der offiziell in den Königslisten genannt wird, angebunden. Statt Echnaton erscheint in der Geschichte Osarsiph, den man wohl mit Echnaton gleichsetzen muss und später Moses genannt wird. Dies führte historisch gesehen notwendig zu Brüchen und Widersprüchen, da die Aussätzigen, die Anhänger Echnatons und der Aton-Kult erst nach dem Tod Amenophis III. in Erscheinung traten.

Amenophis lässt insgesamt 80.000 Aussätzige in einem Lager in der Ostwüste zusammentreiben und unter grausamen Umständen in den Steinbrüchen Zwangsarbeit verrichten. Da sich unter den Aussätzigen auch einige Priester befinden, befürchtete Amenophis Paapis den Zorn der Götter. Er sah voraus, dass die Aussätzigen Hilfe von auswärts bekommen und für dreizehn Jahre in Ägypten herrschen würden. Da er es aber nicht wagt dem König Amenophis seine Prophezeiung mitzuteilen, nimmt er sich das Leben. Daraufhin erreichen die Aussätzigen vom König, sich in der verlassenen Hyksos-Hauptstadt Awaris in einer Art Leprakolonie niederzulassen. Dort wählen sie einen heliopolitanischen Priester mit Namen Osarsiph zum Führer. Dieser gibt ihnen Gesetze. Diese zeichnen sich dadurch aus, dass in ihnen alles vorgeschrieben wird, was in Ägypten verboten ist und alles verboten ist, was in Ägypten vorgeschrieben ist. So dürfen als oberstes Gebot, anders als in Ägypten, Götter nicht angebetet werden. Das zweite Gebot betrifft die heiligen Tiere. Sie dürfen nicht geschont, sondern müssen gegessen werden. Das dritte Gebot verbietet den Umgang mit allen, die nicht zur eigenen Gruppe gehören.

Mit diesen Regeln begründete Osarsiph eine Art Antireligion gegenüber der ägyptischen Relgion, so wie es Echnaton mit der Einführung seines Atonskults und später Moses mit der Gesetzgebung am Sinai gemacht hatten. Anschließend lädt Osarsiph die Hyksos ein, die sich nach ihrer Vertreibung in Jerusalem niedergelassen haben, sich ihrem Aufstand anzuschließen. Die Hyksos kehren daraufhin nach Awaris zurück.

Flavius Josephus vermischt an dieser Stelle die beiden Geschichten Manethos über die Hyksos und die Aussätzigen zu einer Geschichte, obwohl

sie für Manetho zunächst zwei unabhängige Geschichten waren. Dadurch, dass Flavius Josephus sowie die Bearbeiter der Hyksosgeschichte Manethos in den Hyksos Juden sehen, ergibt sich eine Verbindung der Hyksosgeschichte zur Aussätzigengeschichte, obwohl zwischen beiden Ereignissen der Hyksoszeit und der Amarnazeit mehrere Jahrhunderte liegen. Aus der Verschmelzung der beiden Gruppen der Aussätzigen und der Hyksosnachkommen geht nach der Erzählung das jüdische Volk hervor.[87]
Der König Amenophis erinnert sich daraufhin an die Prophezeiung des Amenophis Paapi und verzichtet auf eine Bekämpfung der Aufständischen. Er lässt die heiligen Bilder verstecken und wandert mit sämtlichen heiligen Tieren aus Ägypten nach Äthiopien aus. Daraufhin beherrschen die Aussätzigen und die Hyksos für die in der Prophezeiung angegebenen 13 Jahre Ägypten. Ihre Herrschaft war grausam und frevlerisch. Sie brandschatzten die Städte, zerstörten die Tempel und vernichteten die Götterbilder. Die Sanktuarien der Tempel wurden in Küchen umgewandelt, in denen die heiligen Tiere der Ägypter am Spieß gebraten wurden. Schließlich kehrten Amenophis und sein Enkel Ramses aus Äthiopien zurück und vertrieben die Aussätzigen und ihre Verbündeten. Deutlich werden in dieser Geschichte die Anklänge an die Regierungszeit Echnatons in Amarna, die ebenfalls 13 Jahre dauerte. Der Ort der Leprakolonie, in der Geschichte Awaris entspricht der von Echnaton gegründeten Residenz Achet-Aton. In den Aussätzigen lassen sich die Anhänger Echnatons erkennen. Der Aussatz ist dabei möglicherweise eine Anspielung auf die körperliche Deformation, in welcher Echnaton und seine Anhänger in der Amarnakunst dargestellt wurden. In der Figur des Osarsiph, des Sonnenpriesters aus Heliopolis, lässt sich leicht Echnaton wieder erkennen, dessen Namen zwar für die Ägypter ausgelöscht und damit tabu war, aber gleichsam im Untergrund und im Unterbewusstsein als Erinnerungsfigur des Bösen, in der Geschichte als Führer der Aussätzigen weiterlebte. Nach Manetho nahm Osarsiph den Namen Moses an. Dabei handelt es sich bei der Identifizierung Osarsiph mit Moses im Schlussabschnitt wohl um eine spätere Hinzufügung Manethos.[88] Mit der Einbeziehung der Hyksos und des mit Moses gleichgesetzten Priesters Osarsiph wurde die ursprünglich ägyptische, auf Echnaton gemünzte Geschichte auf die Juden übertragen. Aus der ursprünglich rein ägyptischen Geschichte, welche sich auf die Anhängerschaft Echnatons bezog und die als Aussätzige angesehen wurden, wurde eine ägyptisch-jüdische Geschichte. Hier verschmelzen Echnaton und Moses, Moses nimmt Echnaton gleichsam in sich auf.[89]

In der Rückerinnerung hängte Flavius Josephus die traumatisierenden Erfahrungen der Hyksoszeit und der Amarnazeit letztlich den Juden, stellvertretend für Echnaton und seine Anhängerschaft an. Damit wurde aus der ägyptischen Aussätzigen- und Vertreibungsgeschichte ein Vorläufer der Exodusgeschichte und damit ein Zusammenhang zwischen Echnaton und Moses. Die Aussätzigen- und Vertreibungsgeschichte Manethos ist eine Leidensgeschichte, die immer in Leidenszeiten, d.h. in Zeiten der Fremdherrschaften und Unterdrückung wie z.B. durch die Assyrer oder Perser erzählt wurde.

2.20. Andere Quellen der Aussätzigen- und Vertreibungsgeschichte[90]

Die Geschichte über die Aussätzigen und Moses existierte noch in vielen anderen Fassungen aus unterschiedlichen Quellen, was darauf hindeutet, dass es sich um mündliche Überlieferungen handelte, die möglicherweise zeitlich bis zum Ende der Amarnazeit zurückreichten. Obwohl in diesen Moses-Geschichten eine Verbindung zu Echnaton fehlt, handelt es sich um Geschichten, in denen traumatisch bedingte Phobien eine Rolle spielen, die letztlich immer wieder auf Notzeiten wie die Amarnazeit zurückgehen.

Hekataios von Abdera
Die älteste Quelle der Aussätzigengeschichte sind die „Aigyptiaka" des Hekataios von Abdera. Dabei handelt es sich um ein mehrbändiges Werk über die Geschichte Ägyptens, das wie die Geschichte Manethos ebenfalls verloren gegangen und uns nur als Auszug aus der „Bibliotheca Historica" des Diodorus Siculus in der Bibliotheca des Photions fragmentarisch erhalten ist. Hekataios lebte eine Generation vor Manetho. Er war Grieche und besuchte Ägypten während der Herrschaft des Ptolemaios I. Soter (323-283 v. Chr.). Seine „Aigyptiaca" entstanden um 300 v. Chr.
Darin berichtet er über den Ursprung der Juden in Verbindung mit der Aussätzigengeschichte, einer Pest, die in Ägypten wütete, wie folgt:

„Als in alter Zeit über Ägypten eine pestartige Krankheit ausbrach, führte die Mehrheit das Leiden auf ein Einwirken der Götter zurück. Da nämlich viele Fremde verschiedenster Herkunft unter ihnen hausten, die, was Heiligtum und Opfer angeht, anderen Bräuchen nachgingen, hatte es sich ergeben, dass sich der althergebrachte Götterkult der Ägypter aufgelöst hatte. Deswegen glaubten die Einheimischen, dass es kein Ende der Leiden geben würde, ehe sie die Ausländer nicht fortschickten. Sogleich also wurden die Fremden verbannt, wobei die Angesehensten und Aktivsten zusammengetrieben, und, wie einige sagen, nach Griechenland und in gewisse andere Regionen vertrieben wurden; sie hatten angesehene Anführer, unter denen Danaos und Kadmos als die herausragendsten galten; die große Menge aber wurde in die Gegend vertrieben, die heute Judäa heißt, nicht weit von Ägypten liegt und zu jener Zeit vollkommen unbewohnt war. Die Kolonie wurde von einem Mann namens Mose angeführt, der bezüglich Verstand und Tapferkeit weit herausragte."[91]

Der Aufenthalt und Auszug aus Ägypten wird als Geschichte zweier Volksgruppen – Juden und Griechen – beschrieben. Moses ist in der Aussätzigengeschichte Hekataios kein Ägypter, sondern ein in Ägypten lebender Fremder, der wie Moses in Manethos Aussätzigengeschichte politischer Führer, Koloniegründer und Religionsstifter war. Anders als die Geschichte Manethos lässt sich keine Verbindung zu Echnaton und dem Aton-Kult herstellen.

Lysimachos

In der Aussätzigengeschichte Lysimachos,[92] entstanden um 200 v. Chr., gibt ein Orakel dem König Bokchoris anlässlich einer Hungersnot in Ägypten den Rat, die Tempel von den unreinen und unfrommen Menschen zu reinigen. Damit sind die Juden gemeint, die in dieser Zeit von Aussatz und anderen Krankheiten befallen sind und in den ägyptischen Tempeln Zuflucht gesucht haben. Bokchoris befiehlt daraufhin, die Aussätzigen zu ertränken und die anderen in die Wüste zu treiben. Den Vertriebenen nimmt sich daraufhin Moses an, der sie aus Ägypten herausführt und ihnen vorschreibt, niemanden wohlzuwollen und alle Tempel und Altäre zu zerstören.

Chairemon

In der Aussätzigengeschichte Chairemons[93] erscheint die Göttin Isis dem König Amenophis im Traum und tadelt ihn für die Zerstörung eines Tempels in Kriegszeiten. Der priesterliche Schreiber Phritibantes gibt ihm den Rat, die Göttin durch eine Säuberung Ägyptens von den Aussätzigen zu besänftigen. Hierzu treibt der König 250.000 Aussätzige zusammen und verbannt sie aus dem Land. Die Vertriebenen organisieren sich unter Moses (ägyptisch: Tisithen, wohl unter Anklang an den Gott Aton) und Joseph (ägyptisch Peteseph). In Pelusium stoßen 380.000 Auswanderer zu ihnen, denen König Amenophis die Ausreise verweigert hatte. Die mit den Auswanderern verbündeten Verbannten erobern Ägypten, der König muss nach Nubien fliehen und erst seinem Sohn und Nachfolger Ramses gelingt es, die Juden nach Syrien zu vertreiben und Ägypten zurückzuerobern.

Strabon

Die Mosesgeschichte Strabons[94] ist keine Aussätzigen- und Vertreibungsgeschichte. Strabon berichtet in seinen „Geographica“[95] über Moses als einen ägyptischen Priester, der mit der traditionellen ägyptischen Religion unzufrieden war. Er verlässt mit vielen Gleichgesinnten Ägypten, um nach Judäa auszuwandern und dort zusammen mit ihnen seine Vorstellungen von wahrer Religion zu verwirklichen. Seine Lehre besteht in der Erkenntnis, dass jenes eine Wesen Gott ist, welches alle Menschen, Erde und Meer umfasst, welches wir Himmel und Erde und Natur der Dinge nennen. Der Moses Strabons erscheint als Philosoph, der eine Religion der Vernunft und der Gerechtigkeit begründet.

Tacitus

Die Geschichte Tacitus, in Historiae V, 3-5 ist wiederum eine Aussätzigen- und Vertreibungsgeschichte. Als in Ägypten eine Seuche herrschte, befragte der König Bokchoris das Orakel. Von diesem erhält er den Rat das Land von Juden zu reinigen und die Juden in andere Länder zu bringen, da sie den Göttern verhasst seien. Daraufhin wurden die Juden in die Wüste getrieben. Dort tritt Moses als politischer und religiöser Führer auf, der die Juden nach Palästina bringt und dort Jerusalem gründet.

3. Beziehungen zwischen Israel (Kanaan) und Ägypten[96]

Beziehungen zwischen Ägypten und Israel (Kanaan) bestanden zu allen Zeiten allein wegen der räumlichen Nähe der Länder und des Umstandes, dass Kanaan zur politischen Einflusssphäre der Großmacht Ägypten gehörte. Es gab viele Geschichten, vor allem in der Bibel, in welcher Ägypten der Hauptschauplatz war, weil bedeutende Persönlichkeiten der Bibel wie Abraham, Jakob, Josef und Moses sich in Ägypten aufhielten und von dort aus agierten. Für die Bewohner Kanaans und die Israeliten war Ägypten das gelobte Land, das Land, in dem Milch und Honig flossen. Ägypten war ein Ort der Zuflucht und Sicherheit, vor allem in Zeiten, in denen in Kanaan Dürre, Hungersnot und Krieg das Leben der Bewohner schwer machte. Insbesondere bei Hungersnöten gewährte Ägypten die Garantie zum Überleben, weil Ägypten nicht vom Regen abhing, sondern sein Wasser aus dem Nil bezog. In anderen Zeiten kamen die Einwanderer aus Palästina auch deshalb, weil Ägypten ihnen bessere Aussichten für Wirtschaft und Handel boten. Die Einwanderer aus Kanaan, sowohl Bauern als auch Nomaden ließen sich in der Regel im Ostdelta nieder, wie es die biblische Geschichte beschrieben hat. Bestätigt werden deren Angaben in historischen Texten, aber auch durch die von Archäologen gemachten Funde.

3.1. Erste Beziehungen zwischen Israel und Ägypten[97]

Die ersten ägyptischen Inschriften, die von Handelsbeziehungen zwischen Ägypten und Palästina sprechen, stammen aus dem Alten Reich. Zu dieser Zeit reisten Ägypter auf der Suche nach Bauholz mit ihren Schiffen bis nach Byblos, dem Ausfuhrhafen für die Zedern des Libanons.
Hierüber berichtet eine Inschrift im Totentempel des Königs Sahure bei Abusir: „Wir brachten vierzig Schiffe beladen mit Zedernstämmen, wir bauten Schiffe aus Zedernholz, ein Schiff von fünfzig Metern Länge und aus Meruholz zwei Schiffe, fünfzig Meter lang, wir machten die Türen des Königspalastes aus Zedernholz." Auf einem Wandbild des Totentempels finden wir die Darstellung zurückkehrender Seeschiffe, die reiche Beute mitgebracht haben. Der König erwartet die heimkehrende Flotte am Ufer. Die Schiffsmannschaften und die gefangenen Asiaten erheben die Hände zu seinem Lobpreis. Im Alten Reich unternahmen die Ägypter außerdem kriegerische Strafexpeditionen zum Schutz des durch Palästina laufenden Handelsweges, dessen Sicherheit immer wieder durch räuberische Über-

fälle von Nomadenstämmen bedroht wurde. Über eine derartige Expedition berichtet der Militärkommandant Uni in seiner Lebensgeschichte auf einem Steinblock in seinem Grab in Abydos. Uni war auf Befehl des Pharaos Pepi I. mit seinem Heer gegen Beduinen ausgezogen, die von der Sinaihalbinsel in Palästina eingefallen waren und den dortigen Karawanenweg bedrohten. Er erstattete dem Pharao folgenden Bericht:

„Seine Majestät wehrte die asiatischen Beduinen ab. Seine Majestät stellte ein Heer von vielen Zehntausend auf in ganz Oberägypten von Elephantine im Süden bis zum Gau von Aftih im Norden und im Nordland in den gesamten Verwaltungsbezirken. Seine Majestät sandte mich an der Spitze dieses Heeres aus. Dieses Heer kehrte in Frieden heim, nachdem es das Land der Beduinen zerhackt hatte. Dieses Heer kehrte in Frieden heim, nachdem es seine Festungen eingerissen hatte. Dieses Heer kehrte in Frieden heim, nachdem es seine Feigen und Weinstöcke abgeschnitten hatte. Dieses Heer kehrte in Frieden heim, nachdem es seine Soldaten zu vielen Zehntausend getötet hatte. Dieses Heer kehrte in Frieden heim, nachdem es sehr zahlreiche Soldaten aus ihm als Kriegsgefangene heimgebracht hatte. Seine Majestät lobte mich deshalb über alle Maßen.“[98]

Auf diese Weise kamen die ersten Bewohner Palästinas, wenn auch unfreiwillig als Gefangene, nach Ägypten.

3.2. Das Eindringen von asiatischen Nomaden gegen Ende des Altes Reiches[99]

Das Alte Reich endete in einer Zeit innerer Wirren. Es tobten heftige Thronkämpfe. Zu dem Zusammenbruch kam es, weil alle staatlichen und religiösen Bindungen zerbrochen waren. Das Königtum, das in der Vergangenheit die staatliche Ordnung garantierte, war infolge der vielen Nachfolgestreitigkeiten ohnmächtig, der komplizierte Verwaltungsapparat zusammengebrochen. Die Bevölkerung hungerte, weil die Lebensmittelversorgung ausblieb. Raubend umherziehende Banden wurden zu einer Gefahr für die öffentliche Sicherheit. Plünderungen und Zerstörungen machten selbst vor den königlichen Totentempeln und den Pyramidengräbern keinen Halt. Jedermann erkannte, dass das Leben nach dem Tod nicht mehr durch irdische Mittel gesichert werden konnte. Diese chaotischen Zustände, in denen sich Ägypten während dieser „Erste Zwischenzeit“ genannten Zeitperiode von 2134-2040 v. Chr. befand, schildern besonders eindringlich die Mahnworte eines ägyptischen Weisen:

„Das Land ist voll von Banden. Man geht zum Pflügen mit dem Schilde bewaffnet [...] Das Land dreht sich wie eine Töpferscheibe [...] Groß und Klein sagt: Ich wünschte, ich wäre tot […]. Man fährt heute nicht mehr nach Byblos. Was sollen wir tun, um Zedern für die Mumien zu bekommen? Das Korn fehlt überall. Man ist entblößt von den Kleidern, Wohlgerüchen und Öl [...] Sehet, es ist soweit gekommen, dass das Land des Königstums beraubt worden ist durch ein paar unverständige Leute. Die Residenz ist in einer Stunde zusammengestürzt. Seht, wer nichts vom Harfenspiel verstand, besitzt jetzt eine Harfe [...] Die welche ihr Gesicht im Wasser besah, besitzt jetzt einen Spiegel [...] Seht, kein Amt ist mehr an seiner richtigen Stelle, sie sind wie eine aufgescheuchte Herde ohne Hirten.“[100]

Der Zusammenbruch der staatlichen Ordnung in Ägypten führte außenpolitisch dazu, dass die benachbarten Völker die Vormachtstellung Ägyptens nicht mehr respektierten. Sie überfielen und besetzten die Karawanenwege und schnitten die Zufuhr der für Ägypten lebenswichtigen Importgüter ab. Da die Grenzen nicht mehr gesichert waren, fielen insbesondere an der Nordostgrenze des Deltas immer wieder asiatische Nomadenstämme plündernd in Ägypten ein.[101] Diese chaotischen Zustände ließen einzelne weise Menschen über den Sinn des Lebens und die letzten Dinge nachdenken. Diese Gedanken sind in der Auseinandersetzungsliteratur zusammengefasst. Sie finden sich später in den Lehrbüchern des Alten Testamentes wieder. An die Mahnworte eines ägyptischen Weisen knüpft die Weissagung des Neferti an. Der Text findet sich auf einem Papyrus in Sankt Petersburg aus der Zeit Thutmosis III. und wurde im Neuen Reich von Schreibschülern gerne zur Vorlage zu Schreibübungen benutzt. Die Weissagung spielt in der 4. Dynastie unter dem alten König Snofru. Dieser ruft den Priester Neferti zu sich, um sich durch seine Erzählungen unterhalten zu lassen. Neferti schildert zunächst dem König die Not und das Elend im Land. Zum Schluss prophezeite er aber das Kommen des Königs Amenemhet I., des Begründers des Mittleren Reiches, der das Land aus seinen Wirren errettete: „Ein König wird von Süden kommen mit Namen Ameni (Amenemhet) [...] Er wird die weiße Krone nehmen, er wird die rote Krone tragen [...] Freuet euch, ihr Menschen seiner Zeit! Der Sohn eines angesehenen Mannes wird sich für alle Ewigkeit einen Namen machen. Die zum Bösen neigen und Aufruhr planen, haben ihre Rede aus Furcht vor ihm unterdrückt. Die Asiaten werden seiner Flamme anheim fallen. Die Rebellen gehören seinem Grimm und die Empörung der Scheu vor ihm. Die Uräusschlange an seiner Stirn beruhigt ihm die Verräter. Man wird die Mauer des Fürsten bauen und den Asiaten nicht gestatten, nach Ägypten hinabzuziehen, um in der gewohnten Weise um Wasser zu bitten, damit sie ihr Vieh tränken können. Das Recht wird wieder an seinen Platz kommen und das Unrecht ausgetrieben. Es freue sich, wer dies sehen wird, und wer dann im Dienst des Königs stehen wird."[102] Die Prophezeiung des Neferti erfüllte sich. Der neue König trieb die ins Delta eingedrungenen Beduinen nach Palästina zurück. Ägypten erlebte eine Zeit der Blüte, des Wohlstandes und des Friedens. Der Sicherung des Friedens dienten gelegentliche Strafexpeditionen gegen aufrührerische Nomadenstämme in Palästina. Über eine solche Strafexpedition berichtete ein Adjutant des Pharaos Sesostris III., Chu-Sobek, auf einem Denkstein in Abydos:

„Seine Majestät zog nach Norden, um die asiatischen Beduinen niederzuwerfen [...] Seine Majestät gelangte in eine Gegend mit Namen Sekhmen [...] Dann fiel Sekhmen zusammen mit dem elenden Retenu."[103]

Tetenu war die ägyptische Bezeichnung für Palästina und Syrien. Im Sekhmen erkannte man die biblische Stadt Sichem, der Abraham bei seinem Einzug in Kanaa als erste begegnete (Gen. 12,6). Der König Amenemhet I. erliegt im Jahre 1962 v. Chr. einem Mordanschlag seines Harims. Seinem Sohn Sesostris I., der in den letzten Jahren zusammen mit seinem Vater die Regierungsgeschäfte geführt hatte, gelingt es, die Palastrevolte niederzuschlagen. Dieses dramatische Geschehen um die Ermordung des Pharaos Amenemhet I. bildete den Hintergrund für das wohl berühmteste Werk der altägyptischen Literatur, die Sinuhegeschichte.

3.3. Die Sinuhegeschichte[104]

Die Geschichte des Sinuhe ist ein wertvolles Dokument für die damaligen Beziehungen zwischen Ägypten und Israel. Die Erzählung beginnt mit dem Tod Amenemhets I. Diesen Umstand erfährt der Leser zwar nicht unmittelbar. Es wird vom Verfasser offenbar vorausgesetzt, dass jedem ägyptischen Leser die Vorgänge um die Ermordung des Pharaos genauestens bekannt waren. Sinuhe begleitete als Gefolgsmann des Pharaos dessen Sohn Sesostris I. auf einem Feldzug nach Libyen. Dort erreichte ihn die Nachricht von dem Mord am Pharao. Vermutlich erfährt er dabei auch, dass hinter dem Mord der Harim des Pharaos steckte. Da er ein hoher Beamter der Königin war, glaubte Sinuhe, dass man auch ihn der Teilnahme an dem Mordkomplott verdächtige. Auf der Stelle beschließt er, aus Ägypten zu fliehen. Er wendet sich nach Osten, umgeht die Hauptstadt Memphis und gelangt an die Nordostgrenze des Deltas, die durch einen Festungswall und Wachtürme Ägypten vor kriegerischen Überfällen von asiatischen Nomadenstämmen schützen sollte. Nachdem er diese Grenze im Schutze der Nacht passiert hatte, erreichte er die Wüste der Halbinsel. Dort rettete ihn ein einheimischer Beduinenstamm vor dem Verhungern und Verdursten und nahm den geschwächten Sinuhe gastfreundlich auf. Lassen wir Sinuhe selbst über seine dramatische Flucht berichten:

„Als ich meine Füße nach Norden richtete, kam ich zu der Fürstenmauer, die errichtet worden war, um die Beduinen fernzuhalten und die Sandbewohner niederzuwerfen. Ich duckte mich nieder in einem Gebüsch aus Furcht, die Wache auf der Mauer, die gerade Dienst hatte, könnte mich sehen. Erst am Abend machte ich mich wieder auf den Weg. Als es hell wurde und ich zum Bittersee gekommen war, fiel ich nieder. Durst überkam mich, und meine Kehle glühte. Ich sagte: So schmeckt also der Tod. Als ich aber mein Herz erhob und meine Glieder zusammenraffte, hörte ich das Gebrüll von Herden und erblickte Beduinen. Der Anführer von ihnen, der in Ägypten gewesen war, erkannte mich. Da gab er mir Wasser und kochte mir Milch, und ich ging mit ihm zu seinem Stamm. Was sie mir taten war gut.“

Sinuhe floh weiter bis in das Wüstengebiet östlich von Damaskus. Dort fand er Aufnahme bei einem asiatischen Beduinenstamm, dessen Anführer ebenfalls Ägypten und dessen Lebensverhältnisse kennengelernt hatte. Sinuhe heiratete die Tochter des Anführers, die ihm bald darauf ein Kind schenkte. Als Mitgift erhielt die Tochter eine große Menge Land und Herden, was Sinuhe Wohlstand und Ansehen bei den Stammesmitgliedern einbrachte. Sinuhe berichtet über sein Leben bei dem Beduinenstamm:

„Der Anführer sagte zu mir: Gewiss, Ägypten ist schön, aber du sollst hier bei mir bleiben, und was ich dir tun werde, wird schön sein. Er setzte mich über alle meine Kinder und verheiratete mich mit seiner ältesten Tochter. Er ließ mich in seinem Land auswählen unter den Erlesensten, was ihm gehörte, und ich wählte ein Stück Land, das an der Grenze eines anderen Landes lag. Es war ein schönes Land mit Namen Jaa. Feigen gab es darin und Weintrauben und mehr Wein als Wasser. Sein Honig war reichlich und zahlreich sein Öl, und alle Arten von Früchten hingen auf seinen Bäumen. Weizen gab es darin und Gerste, und allerlei Herden ohne Zahl.“[105]

Mit fast den gleichen überschwänglichen Worten beschreibt das 5. Buch Moses (Dtn. 8,7) das den Israeliten verheißene Land Kanaa: „Ein Land, darin Weizen, Gerste, Weinstöcke, Feigenbäume und Honig wachsen, ein Land, wo du Brot genug zu essen hast.“

Wenden wir uns nun wieder dem Bericht Sinuhes zu:

„Er (der Anführer der Beduinen) machte mich zum Fürsten seines Stammes in dem erlesensten Teil seines Landes. Ich hatte Brot als Tageskost und Wein als etwas Alltägliches, gekochtes Fleisch und gebratene Gänse, dazu noch das Wild der Wüste, das man in Fallen für mich fing, und das, was man mir brachte außerdem, was meine Jagdhunde erbeuteten.“ Sinuhe wurde zum Befehlshaber des Beduinenheeres ernannt. Seine Tüchtigkeit und Tapferkeit bewies er auf vielen Kriegszügen. Ausführlich schildert er seinen Sieg über den Starken von Retenu, der Sinuhe in seinem Zelt verhöhnt und anschließend zu einem Zweikampf herausgefordert hatte. Wer erinnert sich dabei nicht an die Geschichte vom Kampf zwischen David und Goliath, wenn er die Schilderung dieses Kampfes bei Sinuhe liest? [...] Da erhob er seinen Schild, seine Axt und seinen Arm voller Speere. Nachdem ich aber seine Waffen herausgebracht hatte, ließ ich seine Pfeile erfolglos an mir vorübergehen. Als einer dem anderen genaht war, griff er mich an, ich schoss ihn, und mein Pfeil steckte in seinem Nacken. Er schrie und fiel auf seine Nase. Ich fällte ihn mit seiner Axt. Ich stieß mein Siegesgeschrei aus auf seinem Rücken, und jeder Asiat brüllte [...]. Da führte ich seine Habe fort und erbeutete seine Herden. Was er mir anzutun gedacht hatte, das tat ich ihm nun an [...]“[106]

Auf dem Höhepunkt seines Erfolges erkannte Sinuhe jedoch bald, dass er trotz seines Reichtumes, seiner Erfolge und seiner sozialen Stellung nicht für alle Zeiten außerhalb seines Heimatlandes leben kann. Er machte sich Gedanken über seinen Tod und die für einen Ägypter beängstigende Aussicht, außerhalb der Erde Ägyptens begraben zu werden. In dieser Stimmung erreichte ihn ein Brief des Pharaos Sesostris I., der Sinuhe versicherte, an dem Mordkomplott gegen seinen Vater nicht beteiligt gewesen zu sein und mit folgenden Worten zu einer Rückkehr in sein Heimatland aufforderte:

„Mach dich auf, nach Ägypten zu ziehen, damit du den Hof wiedersiehst, auf dem du aufgewachsen bist [...]. Gedenke des Tages, an dem man dich begraben wird, und du in die Ewigkeit eingehen wirst. Man wird dich in der Nacht mit Öl ausstatten und mit Binden von der Göttin Tait (Balsamierungsgöttin). Man wird dir das Geleit geben am Tage der Bestattung. Dein Sarg wird aus Gold sein, und dein Kopf aus Lapis Lazuli, und du wirst auf die Bahre gelegt werden. Rinder werden dich ziehen und Sänger vor dir herschreiten, und man wird dir den Zwergentanz tanzen an der Tür deines Grabes. Man wird die Opfergebete für dich rezitieren und wird schlachten an deinem Opferstein. Deine Säulen werden aus Kalkstein gemauert sein inmitten derer der Königskinder. Es soll nicht geschehen, dass du im Fremdlande stirbst und dass Asiaten dich bestatten und man dich in ein Schaffell einhüllt.“[107]

Dieser Brief verfehlte seine Wirkung nicht. Sinuhe beschloss, nach Ägypten zurückzukehren. Er übertrug sein Vermögen auf seine Kinder und machte seinen ältesten Sohn zu seinem Nachfolger als Anführer des Beduinenstammes. Nach seiner Rückkehr wurde Sinuhe im Palast von der Königsfamilie empfangen. Er fiel dabei in einen Zustand der Bewusstlosigkeit, aus dem ihn der Pharao mit den Worten zurückholte: „Das Leben gehört dir.“[108] Hierdurch gab der Pharao Sinuhe ein neues Leben als Ägypter. Als äußeres Zeichen dieses neuen Lebens ist der Gang Sinuhes zu einem ägyptischen Friseur zu sehen, der Sinuhe auch äußerlich zu einem Ägypter machte. Der König nahm in dieser Empfangsszene offenbar die Rolle eines Schöpfergottes, die Königin die der Liebes- und Geburtsgöttin Hathor an. Eine Anspielung auf diese Rolle der Königin ist auch der Umstand, dass die Kinder in dieser Szene auf für den Hathorkult typischen Instrumenten musizierten. Den Empfang durch die Königsfamilie schilderte Sinuhe mit folgenden Worten: „Ich war ein Mann ergriffen von Dämmerung, meine Seele war geschwunden, meine Glieder waren kraftlos und mein Herz war nicht mehr in seinem Leib. Trotzdem war ich dem Leben näher als dem Tod."[109] Nachdem Sinuhe auf diese Weise wieder zum Ägypter gemacht worden war, verlebte er seine letzten Jahre am Königshof. Nach seinem Tod erhielt er das vom Pharao versprochene fürstliche Begräbnis, was für den Ägypter die Garantie für ein Weiterleben nach dem Tode war.

3.4. Die ägyptischen Ächtungstexte[110]

Aus dem Mittleren Reich sind uns weitere Dokumente überliefert, die das Verhältnis Ägyptens zu Palästina in dieser Zeit veranschaulichen. Es handelt sich um in Theben und Sakkara gefundene Tonscherben, die zusammengefügt Texte ergeben, die von schrecklichen Flüchen und Verwünschungen geprägt sind. Diese Texte sind unter dem Namen Ächtungstexte bekannt geworden. Man schrieb die Fluch- und Verwünschungsformeln auf die Innenseite oder tönerne Nachbildungen von Feinden. Anschließend wurden die Schalen oder Feindfiguren in der Erwartung zerbrochen, dass damit auch die Kraft der verwünschten Person zerbrechen möge. Oft wurde in die Verwünschungen auch die Dienerschaft oder sogar der Heimatort des Verwünschten einbezogen. Einige dieser Ächtungstexte sind für das Verhältnis Israels zu Ägypten deshalb von großem Interesse, weil sie Namen von Städten in Palästina wie Jerusalem, Askalon, Tyrus, Hazor, Beth- Semes, Aphek, Achsaph und Sechem enthalten, die alle als Orte in der Bibel vorkommen. Die Erwähnung dieser Orte in den Ächtungstexten ist ein überzeugender Beweis dafür, dass sie bereits im 19. und 18. Jahrhundert v. Chr. bestanden haben.

3.5. Noah und der Zug Abrahams nach Ägypten[111]

Eine wichtige Verbindung zwischen Ägypten und Israel stellt die biblische Geschichte über das Leben der Erzväter dar. Noah kann als gemeinsamer Ahnherr für Israel und Ägypten angesehen werden. Als Vater des Ham ließ er unter anderem Ägypten (Misraim) und Kanaan aus sich hervorgehen." „Die Söhne Hams sind Kusch, Misraim (Ägypten), Punt und Kanaan." (Gen. 10,6) Es war der Patriarch Abraham, der den ersten Kontakt zu Ägypten und seiner Kultur hatte. Hierüber berichtet die Bibel: „Es kam aber eine Teuerung in das Land. Da zog Abraham nach Ägypten, da er sich daselbst als ein Fremdling aufhielt, denn die Teuerung war groß im

Lande." (1. Moses 12,10) Abraham war mit seiner Familie aus seiner Heimat ausgezogen. Sein Weg führte ihn mehr als 1000 Kilometer nach Süden in das Land Kanaan. Er folgte damit der großen Karawanenstraße, die vom Euphrat über die phönizischen Seestädte zum Jordan und von dort weiter nach Ägypten führte. Es war der Hunger, der Abraham, wie viele Asiaten vor und nach ihm, nach Ägypten weiterziehen ließ in das gelobte Land des Überflusses, welches dem Hungernden Nahrung und dem Armen Reichtum versprach.

Der Auszug Abrahams fiel wahrscheinlich in die Regierungszeit Amenemhets II. (1929-1897 v. Chr.), die ohne besondere kriegerische Auseinandersetzung friedlich verlief. Der König konnte deshalb seine ganze Kraft dem Ausbau des Staates und der inneren Entwicklung des Landes widmen. Es war eine Zeit des Wohlstandes und des Überflusses, in der Kunst und Wissenschaften blühten. Handelsbeziehungen wurden aufgenommen bis in den östlichen Mittelmeerraum und nach Asien. Das Wohlstandsleben dieser Zeit ist in Bild und Text auf den Wandbildern der Fürstengräber in Beni Hassan aus dem 19. Jahrhundert festgehalten. Das heutige Beni Hassan ist ein kleiner Flecken in Mittelägypten, ungefähr 300 Kilometer südlich von Kairo, auf dem halben Weg zwischen den damaligen Residenzstädten Memphis und Theben.

Malerisch ist der Ort eingebettet in Felder- und Palmenhaine. Das Interesse von Archäologen und Ägyptologen erweckten die in Fels gehauenen Fürstengräber am Ausgang eines Wüstentales, die von den Überresten alter Steinbrüche umgeben sind. Es handelt sich insgesamt um neununddreißig Gräber, die erstaunlich weiträumig sind. Einige von ihnen sind innen durch Zeltdächer abgestützt, andere durch flache Tonnengewölbe. Die Wände der Gräber sind farbig bemalt mit Szenen aus dem Leben der Fürsten des Beni- Hassan Gaues. Die Bilder erzählen von der Arbeit und dem Vergnügen der damaligen Menschen, von Ernte, Jagd, Fischfang, Spiel und Tanz. Das bedeutendste und bekannteste Grab ist das Grab mit der Nummer 3. Auf der linken Wand der Pfeilerhalle entdeckte man die berühmten Szenen, die die Ankunft einer Gruppe aus dem Ostjordanland im Antilopengau von Beni Hassan schildern. Vielfach hat man geglaubt, es handele sich dabei um die Ankunft Abrahams oder Jakobs in Ägypten, beweisen lässt sich dies jedoch nicht. Vermutlich handelte es sich um Händler, die mit Waren und Tieren nach Ägypten gereist waren, um ihre Waren auf den lokalen Märkten zu verkaufen. Dargestellt ist der Anführer, der als Herrscher des Fremdlandes bezeichnet wird, zusammen mit seinem

Stamm. Ein Hirte schlägt die Leier mit einem Plektrum, während er hinter einem beladenen Esel geht. Die diese Darstellung begleitende Inschrift berichtet von einem semitischen Stamm, der aus 36 Mitgliedern besteht und dem Gaufürsten Chnumhotep und seiner Frau Geschenke, darunter Wimperntusche, mitbringt. Die Inschrift ist in das sechste Regierungsjahr Sesostris um 1900 v. Chr. zu datieren. Die dargestellten Personen sind auch äußerlich als Semiten zu erkennen. Sie haben scharf geschnittene Profile und eine hellere Haut als Ägypter. Sie tragen eine für Ägypten unübliche Kleidung, mantelförmige, viereckige Wolltücher aus leuchtend bunten Streifen, die bei den Männern bis zum Knie, bei den Frauen bis zur Wade reichen. Die Männer tragen Spitzbärte, die Frauen tiefschwarze, offen auf Brust und Schultern fallende Haare. An das Motiv des Exodus unter Moses erinnert die Episode der Begegnung des Abraham mit dem Pharao (Gen, 12,10-20). Der Pharao interessierte sich für Sarah, Abrahams Frau, nachdem Abraham sie als seine Schwester vorgestellt hatte. Der Pharao nahm Sarah in seinen Harim und versah Abraham mit reichen Geschenken. Darauf griff Jahwe ein und schlug den Pharao solange mit Plagen bis er Sarah freiließ.

3.6. Die Josephsgeschichte[112]

Die Josephsgeschichte, die zum großen Teil auf ägyptischem Boden spielt, hat mehr als andere biblische Stoffe Ägyptologen und andere Wissenschaftler zu Untersuchungen und Spekulationen angeregt. So hat man unter anderem festgestellt, dass die Form der Josephsgeschichte der Form ägyptischer Königsmärchen entspricht. Vielfach wurde die Geschichtlichkeit der Josephsgeschichte angezweifelt und versucht, sie in den Bereich der Mythen, zum Beispiel in der Nähe des ägyptischen Osirismythos anzusiedeln. Hierfür scheint zu sprechen, dass ägyptische Quellen den Namen Joseph unerwähnt lassen, obwohl er nach der Schilderung der Bibel eine der höchsten Beamtenpositionen eingenommen haben soll.

Joseph ist durch den Verkauf seiner eifersüchtigen Brüder nach Ägypten gekommen. Eifersüchtig waren die Brüder, weil ihr Vater Jakob ihn mehr liebte als alle anderen Söhne. Das Missfallen seiner Brüder erregte Joseph auch durch seine Träume, insbesondere durch den wahrscheinlich mythologisch zu deutenden Sternentraum, in dem Sonne, Mond und elf Sterne sich vor Joseph verneigten (Gen. 37,9). Die Brüder warfen Joseph in eine leere Zisterne, die man als Symbol der Unterwelt gedeutet und wiederum mit dem ägyptischen Osirismythos in Verbindung gebracht hat. Aus dieser Zisterne soll Joseph wie der wiedergeborene Osiris aus der Unterwelt emporgestiegen sein. Viele Einzelheiten der Josephsgeschichte lassen sich durch ägyptische Quellen beleuchten. Joseph wurde nach Ägypten an Potiphar, einen Kämmerer des Pharaos und Obersten der Leibwache, verkauft. Der Name Potiphar ist altägyptisch und in der Spätzeit belegt. Seiner Bildung nach ist er jedoch früher bereits im Neuen Reich möglich. Vom Verhältnis Josephs zu Potiphar berichtet die Bibel (Gen. 39): „Der Herr war mit Joseph, sodass ihm alles gelang. So blieb er im Hause seines ägyptischen Herrn. Weil mein Herr sah, dass der Herr mit ihm war, und dass der Herr ihm alles gelingen ließ, fand Joseph Gnade in seinen Augen. Er durfte ihn bedienen, und dieser setzte ihn zum Verwalter über sein Haus ein und vertraute ihm sein ganzes Eigentum an." Es folgt die Geschichte vom Verführungsversuch der Frau des Potiphar, deren Ähnlichkeit mit dem ägyptischen Brüdermärchen, dem Papyrus Orbiney aus der 19. Dynastie auffallend ist. Um diese Ähnlichkeiten zu verdeutlichen, werden beide Geschichten vergleichsweise nebeneinandergestellt. Die Bibel berichtet über den Verführungsversuch der Frau des Potiphar:

„Einige Zeit danach warf die Gattin seines Herrn ihr Auge auf Josef und sagte zu ihm: Komm doch zu mir! Er aber weigerte sich und sagte zu der Gattin seines Herrn: Wie soll ich ein so schweres Unrecht tun und mich so wider Gott versündigen! Obgleich sie Tag für Tag auf Joseph einredete, hörte er nicht auf ihre Lockung, zu ihr zu kommen und sich mit ihr abzugeben. Nun begab sich eines Tages, dass er ins Haus kam, um seine Geschäfte zu besorgen, während niemand von den Hausangehörigen drinnen war. Da ergriff sie ihn beim Gewand und sagte: Sei mir zu Willen. Er aber ließ sein Gewand in ihrer Hand, ergriff die Flucht und lief hinaus." (Genesis 39,7-12)

Im ägyptischen Brüdermärchen wird der Verführungsversuch wie folgt geschildert:

„Es waren einmal zwei Brüder. Anubis war der Name des älteren, Bata der Name des jüngeren. Anubis besaß ein Haus und eine Frau, während sein jüngerer Bruder bei ihm lebte wie ein Sohn. Er war es, der für ihn Kleider machte, der hinter seinem Vieh auf die Weide ging, und er war es auch, der pflügte und der für ihn erntete, kurz er war es, der für ihn alle Feldar-

beiten verrichtete [...] Und viele Tage danach, als sie auf dem Felde waren und Saatgut brauchten, schickte er seinen jüngeren Bruder aus und sagte: Lauf und hol uns Saat aus dem Dorf. Sein jüngerer Bruder fand die Frau seines älteren Bruders, wie sie dasaß und frisiert wurde. Er sagte zu ihr: Steh auf, damit du mir Saat gibst und ich schnell wieder aufs Feld komme, denn mein älterer Bruder wartet auf mich [...] Der junge Mann ging daraufhin in den Stall und holte einen großen Krug heraus, da er viel Saat mitnehmen wollte. Er lud sich Gerste und Emmer auf und ging damit hinaus. Da begann sie ein Gespräch mit ihm und sagte: In dir ist viel Kraft. Ja, ich sehe täglich deine Manneskraft, und sie wünschte ihn als Mann kennenzulernen. Sie stand also auf, griff nach ihm und sagte zu ihm: Komm, lass uns ein Schäferstündchen halten und beisammenschlafen. Das soll sich dir lohnen. Ich werde dir schöne Kleider dafür machen."
Wie Joseph, so wies auch Bata den Wunsch der Frau entrüstet zurück. „Wieso Abführung? Er geriet in Wut wie ein oberägyptischer Panther, und die Frau seines Bruders fürchtete sich sehr. Dann sprach er zu ihr: Siehe, du bist für mich da wie eine Mutter. Dein Mann ist für mich wie ein Vater. Er, der älter ist als ich, er hat mich aufgezogen. Was soll diese Abscheulichkeit, die du zu mir gesagt hast? Die Frau aber hatte Angst wegen des Antrages, den sie gemacht hatte. Sie holte darum Fett und Schmiere und verstellte sich, als ob sie geschlagen worden sei, um ihrem Mann sagen zu können: Das war dein jüngerer Bruder, der mich geschlagen hat. Als der Mann am Abend zurückkehrte, fand er seine Frau, wie sie dalag und sich krank stellte. Er sagte zu ihr: Wer hat mit dir gesprochen? Sie antwortete ihm: Niemand hat mit mir gesprochen außer dein jüngerer Bruder. Als er kam, um für dich Saat zu holen, und er mich allein sitzend fand, sagte er zu mir: Komm lass uns ein Schäferstündchen halten und beisammenschlafen. Mache deine Frisur zurecht. Ich aber hörte nicht auf ihn. 'Bin ich nicht wie deine Mutter? Ist dein älterer Bruder nicht wie ein Vater?' sagte ich zu ihm. Da bekam er Angst und schlug mich, damit ich es dir nicht melde. Wenn du ihm am Leben lässt, werde ich von selbst sterben. Da beschloss Anubis, seinen jüngeren Bruder zu töten."[113]

Gemeinsam ist beiden Geschichten, dass jeweils die Frau versucht, den Mann zu verführen und zum Ehebruch zu bewegen. Dieser Versuch wird in beiden Geschichten mit dem Argument zurückgewiesen, ein Ehebruch sei ein großer Undank gegenüber dem Ehemann der Verführerin, der dem von der Frau begehrten Mann wie ein Vater sei und ihn aufgezogen habe.

In Ägypten galt der Ehebruch als ein schweres Verbrechen, auf dem die Todesstrafe stand. Es ist deshalb verständlich, dass beide Frauen jeweils versuchten, einer Anklage ihrer Opfer dadurch zuvorzukommen, dass sie unter Vortäuschung von Misshandlungen ihre Opfer selbst eines Vergewaltigungsversuches oder einer Körperverletzung beschuldigten.
Aber der weitere Verlauf der Josephsgeschichte zeigt bis in Einzelheiten hinein altägyptisches Kolorit. Das Gefängnis, in das Joseph nach der falschen Anschuldigung durch Potiphars Frau geworfen wurde, entspricht der uns aus altägyptischen Quellen überlieferten Gefängnisform. Es war eine Art Hausarrest, in dem der Gefangene Dienstleistungen zu erbringen hatte. In diesem Gefängnis begann der Aufstieg Josephs zu einem der einflussreichsten Männer in Ägypten. Von Nutzen war ihm dabei vor allem seine Fähigkeit, Träume deuten zu können. Nach Meinung der Ägypter konnten nur berufsmäßige Traumdeuter die Bedeutung eines Traumes erfassen. Die Traumdeutung im Alten Ägypten gehörte deshalb zu den erlernbaren Wissenschaften. Nach den Worten Josephs sind Traumdeutungen eine Sache Gottes. Danach ist die Deutung eines Traumes nicht durch Studium in einem Traumbuch erlernbar, sondern setzt die Hilfe Gottes voraus. Andererseits glaubten auch die Ägypter, dass die Götter sich in den Träumen offenbarten. So gab es in der ägyptischen Spätzeit einen weitverbreiteten Brauch. Man verbrachte eine Nacht im Tempel, um durch einen im Traum erscheinenden Gott die Zukunft zu erfahren. In diesem Sinne heißt es in den Weisheitslehren: „Gott schuf die Träume, um den Menschen den Weg zu zeigen, wenn sie die Zukunft nicht sehen können." Die Tempelpriester erlangten deshalb eine große Berühmtheit im Auslegen von Träumen. Viele Träume kündigten ein zukünftiges Ereignis an oder enthüllten die Zukunft durch ein bestimmtes Symbol, dessen Erklärung der Traumdeuter durch etwas Nachdenken finden konnte. Häufig war der Schlüssel zur Deutung eines Traumes ein einfaches Wortspiel. So beruht der Traum des zusammen mit Joseph eingekerkerten Mundschenks des Pharaos auf einem derartigen Wortspiel, auf der Gleichsetzung von drei Weinstockranken mit drei Tagen: „Die drei Ranken sind drei Tage. Nach drei Tagen wird der Pharao dein Haupt erheben und dich wiederum in dein Amt einsetzen. Dann wirst du dem Pharao den Becher in die Hand geben, ganz so wie früher, als du sein Mundschenk warst." (Gen.40,12-13)
Der Traum des Obermundschenks spielt sich in seinem früheren Lebensbereich, dem Hof des Pharaos, ab. Auch die Tätigkeit des Mundschenks

ist die gleiche. Er presste die Trauben in den Becher des Pharaos und gab dem Pharao den Becher in die Hand. Der Traum enthält selbst soviel an Deutung, so dass Joseph eigentlich nur ein einziger Umstand zu deuten übrig bleibt, die Dreizahl der Reben, die er nach der Geschwindigkeit des Traumablaufes mit drei Tagen deutet. Im Traum des Oberbäckers des Pharaos braucht Joseph nur die Dreizahl der Körbe zu deuten: „Die drei Körbe sind drei Tage. Heute in drei Tagen wird der Pharao dein Haupt erheben, aber weg von dir, indem er dich an einen Pfahl aufhängen lässt und die Vögel dein Fleisch von dir wegfressen." Anders als der Obermundschenk, wird der Oberbäcker durch Vögel, die hier als Unglückssymbol zu deuten sind, daran gehindert, seine Berufsaufgabe, dem Pharao Gebäck zu überbringen, zu erfüllen. Ein Wortspiel liegt schließlich auch dem berühmtesten Traum des Pharaos zugrunde. Die Verbindung Kuh und Jahr ist ein in Ägypten häufig belegbares Wortspiel. Entsprechend ist auch die Deutung des Traumes durch Joseph: „Die sieben schönen Kühe, bedeuten sieben Jahre, auch die sieben Ähren bedeuten sieben Jahre." (Gen. 41,26) Das Symbol der Kuh in dem Traum lässt sich darüber hinaus auch mythologisch deuten. So galt die Kuh den Ägyptern als eine Erscheinungsform der Göttin Hathor, die als Göttin der Liebe und Fruchtbarkeit verehrt wurde. Die Verbindung der schönen Kühe mit den fruchtbaren Jahren ist deshalb wohl nicht zufällig. Die sieben mageren und hässlichen Kühe deutet Joseph ebenfalls als sieben Jahre, die sieben leeren, vom Ostwind versengten Ähren als sieben Hungerjahre. Das Verschlungenwerden der fetten Kühe und der vollen Ähren durch die mageren Kühe und die leeren Ähren deutet Joseph als Aufzehrung der Fülle der guten Jahre durch eine Hungersnot. Derartige Hungersnöte waren für die Ägypter keine Seltenheit. Ihr Grund waren Missernten, insbesondere in den Jahren, in denen die Nilüberschwemmung nicht genügend Wasser brachte. Der Nil und die Überschwemmung bestimmten das Leben der an seinen Ufern lebenden Bauern. Er bestimmte den Rhythmus der Jahreszeiten und die Zeitrechnung. Um die Überschwemmung voll ausnützen zu können, brachte man mit Schöpfgeräten das kostbare Wasser auch auf die höher gelegenen Felder. Die Unberechenbarkeit der Natur machte jedoch ab und zu die Arbeit eines ganzen Jahres zunichte. Überstieg die Überschwemmung das gewohnte Maß, so konnten unter der Wasserflut die Dämme zerbrechen und die Dörfer der Landbevölkerung überflutet werden. Blieb die Nilüberschwemmung aus, so kam es zu Hungersnöten. Über eine derartige Hungersnot berichtet die sogenannte „Hungersnotstele". Sie soll auf den König Djoser, den berühmten Erbauer der Stufenpyramide von Sakkara und Begründer der dritten Dynastie zurückgehen. Heute vertritt man dagegen die Ansicht, dass die Stele im Rahmen einer das Alte Reich verherrlichenden Nostalgiewelle in ptolemäischer Zeit verfasst worden sei. Die Hungersnot dauerte wie die von Joseph prophezeite ebenfalls sieben Jahre. Die Stele enthält die Botschaft, die der König Djoser dem Gaufürsten von Elephantine, einer Stadt am ersten Nilkatarakt nahe der heutigen Stadt Assuan, überbringen ließ: „Ich bin sehr besorgt wegen derer, die im Palast sind. Mein Herz ist in großer Sorge über das Unglück, weil der Nil während der Dauer von sieben Jahren nicht gekommen ist. Es gibt wenige Feldfrüchte, es mangelt an Kräutern, es fehlt an Essbarem. Jedermann bestiehlt seinen Nächsten [...] Die Kinder weinen, die jungen Leute schleichen einher. Der Alten Herz ist gebeugt, ihre Schenkel sind gelähmt, an der Erde sitzen sie. Die Hofleute sind ratlos. Die Vorratskammern werden aufgemacht, aber alles, was da gewesen war, war aufgezehrt."

Auch die Zahl sieben im Traum und auf der Hungersnotstele scheint nicht willkürlich gewählt zu sein. Sie hatte bei den Ägyptern eine magische Bedeutung und war ein Ausdruck der größtmöglichen Ballung göttlicher Kräfte sowie ein Symbol der Fülle und Vollkommenheit. Joseph begnügte sich nicht mit der Deutung der Träume des Pharaos, sondern machte ihm einen konkreten Vorschlag im Hinblick auf die kommenden Hungerjahre: „Und nun möge sich der Pharao nach einem klugen und weisen Manne umsehen und ihn über das Land Ägypten setzen." (Gen. 41,33)

Was lag näher, als Joseph selbst diese schwierige Aufgabe anzuvertrauen. Er wurde vom Pharao zum Wesir ernannt und hatte damit das höchste Staatsamt Ägyptens inne. Die Bedeutung dieses Amtes ergibt sich aus den Worten des Pharaos: „Du selbst sollst meinem Haus vorstehen, nur den Thron will ich dir voraushaben." (Gen. 41,40)

Der Wesir im alten Ägypten war der oberste mit Vollzugsgewalt ausgestattete Beamte. Er handelte im Auftrag des Königs, den er täglich über den Stand der Staatsangelegenheiten zu informieren hatte. Er war insoweit „der Wille seines Herrn, die Ohren und Augen des Herrschers" und musste deshalb „ein Weiser unter den Weisesten" (Gen. 41,39) sein. In erster Linie war er oberster Richter, aber auch der ganze Verwaltungsapparat unterstand ihm. Die Ernennung Josephs zum Wesiren ist in der Bibel protokollgerecht geschildert worden: „Der Pharao zog seinen Siegelring von seiner Hand und steckte ihn an Josephs Hand, ließ ihn hierauf in Gewänder feinster Leinwand kleiden und legte ihm die goldene Kette um den

Hals. Er ließ ihn auf seinem zweiten Wagen fahren und vor ihm ausrufen: Der ist des Landes Vater." (Gen. 41, 42-43) Auf die gleiche Weise haben ägyptische Künstler auf Wandreliefs die Amtseinsetzung von hohen Beamten dargestellt.

Als Ausländer in hoher Stellung erhielt Joseph den ägyptischen Namen „Saphenat Paneach" sowie eine Ägypterin zur Frau. Die Übersetzung dieses Namens lautet: „Der Gott hat gesagt: Er wird leben." (Gen. 41, 45) Mit diesem Gott ist entweder der Pharao selbst gemeint, dem in Ägypten als Sohn des Sonnengottes göttliche Ehren erwiesen wurden, oder die allgemeine Bezeichnung Gott ist deshalb gewählt worden, um beim israelitischen Leser Anstoß zu vermeiden. Joseph zeigte sich auf seinen Reisen durch Ägypten als kluger Organisator. Er ließ in den sieben Jahren des Überflusses überflüssiges Getreide einsammeln und es für die sieben Hungerjahre in Getreidespeichern lagern. Als nach den sieben fetten Jahren in ganz Ägypten Hungersnot herrschte, ließ Joseph alle Kornspeicher öffnen und den Ägyptern Getreide verkaufen. Der Name Joseph hat sich bis zum heutigen Tag in dem Namen „Bahr Yusuf" erhalten. Mit diesem Namen wird ein künstlicher Wasserlauf bezeichnet, der über einen Weg von 334 Kilometern Nilwasser in die fruchtbare libysche Wüste liefert und diese in einen Garten Eden verwandelt. In diesem Garten, ungefähr 130 Kilometer südlich von Kairo, gedeihen Orangen, Weintrauben, Pfirsiche und viele andere Obstsorten. Von diesem Wasserlauf erzählen ägyptische Legenden, dass ihn Joseph damals als Wesir des Pharaos angelegt habe.

Nach dem Bericht der Bibel war die Hungersnot nicht auf Ägypten beschränkt, sondern herrschte in der ganzen Welt. Alle Welt kam damals nach Ägypten, um Getreide bei Joseph zu kaufen. Unter diesen Käufern waren auch die Brüder Josephs. Nachdem Joseph sich ihnen zu erkennen gegeben hatte, lud der Pharao Josephs Vater Jakob und seine ganze Sippe, insgesamt siebzig Personen, nach Ägypten ein.

Seine Verwandten stellten sich dem Pharao als Schafhirten vor: „Deine Knechte sind Viehhirten, wir und unser Vater." (Gen. 47,3) Gleichzeitig informierte Joseph seine Brüder darüber, dass den Ägyptern alle Schafhirten ein Greuel seien. Als Zweck ihres Aufenthaltes in Ägypten nennen die Brüder Josephs:

„Wir sind gekommen, uns hier im Lande eine Zeitlang aufzuhalten. Deine Knechte finden keine Weide mehr für ihre Schafe, da die Hungersnot schwer auf Kanaan lastet. Erlaube nun, dass deine Knechte im Land Gosen bleiben dürfen." (Gen. 47, 4)

Der Pharao sagte daraufhin zu Joseph: „Dein Vater und deine Brüder sind zu dir gekommen. Ägypten steht dir zur Verfügung. Siedle deinen Vater und deine Brüder im besten Teil des Landes an. Sie mögen im Lande Gosen bleiben. Und findest du, dass tüchtige Leute unter ihnen sind, so mache sie zu Aufsehern über meine eigenen Herden." (Gen. 47, 5-6)
Dieses Land Gosen, das vom Pharao wegen seiner Fruchtbarkeit als bester Teil Ägyptens gelobt wurde, lag im östlichsten Teil des Nildeltas, dem Theku Gau nahe der Grenze zum Sinai. Das Weiden palästinischer Herden in diesem Landstrich finden wir bestätigt durch einen Bericht eines ägyptischen Grenzbeamten im Papyrus Anastasi VI.: „Wir haben den Zug von Beduinenstämmen beendet, welche an der Festung Merenptah im Theku Gau vorbeizogen zu den drei Wasserplätzen von Pithom Merenptah im Theku Gau, um sich selbst zu ernähren und ihre Herden zu füttern, um sich und ihr Vieh auf der großen Besitzung des Pharaos, der guten Sonne eines jeden Landes am Leben zu erhalten."[114]
Diese Grenze zwischen dem Sinaigebiet und dem Theku Gau scheint häufig von Nomadenstämmen auf der Suche nach neuen Weideplätzen überschritten worden zu sein. Dort in der Landschaft Ramesses siedelte Joseph seinen Vater Jakob und seine Brüder an. Im Alter von 147 Jahren verstarb Jakob. Sein Leichnam wurde nach ägyptischer Sitte einbalsamiert und auf Jakobs letzten Wunsch hin in dessen Heimat Kanaan bestattet. Joseph selbst starb im Alter von 110 Jahren, dem idealen Alter für jeden Ägypter.
Die Existenz eines Hyksoskönigs mit Namen Jakob El wurde, wie bereits erwähnt, als ein Indiz dafür angegeben, die Josephsgeschichte in die Zeit der Fremdherrschaft der Hyksos, semitischer Stämme aus Palästina und Syrien zu datieren. Hierfür scheint auch zu sprechen, dass ein Asiate, der von den Ägyptern verächtlich mit Sandbewohner bezeichnet wurde, eher unter einem landfremden König die Chance hatte, zum höchsten ägyptischen Staatsamt, dem Wesiramt aufzusteigen, als in den Zeiten rein ägyptischer Herrscher. Der Ägypter verachtete die Esel, Schafe und Ziegen züchtenden Nomaden als Barbaren. Selbst Joseph bekannte vor seinen Brüdern, dass alle Schafhirten den Ägyptern ein Greuel seien. Unter den Hyksoskönigen finden wir wiederholt Könige mit semitischen Namen, ein Umstand, der eine Besetzung des Wesirsamtes ebenfalls mit einem Semiten wahrscheinlich erscheinen lässt. Für eine Datierung der Josephsgeschichte in die Hyksoszeit spricht schließlich eine von der Bibel selbst gegebene Zeitangabe. Gott hat bei seinem Bundesschluss mit Abraham zu diesem gesagt: „Du sollst wissen, dass deine Nachkommen in einem frem-

den Land weilen werden, das ihnen nicht gehört. Sie werden anderen dienen müssen, die sie vierhundert Jahre lang unterdrücken.“ (Gen. 15, 13) Das von uns untersuchte ägyptische Kolorit scheint auch in die 19. Dynastie der Ramessidenkönige zu passen. So ist das Vorbild der Verführungsgeschichte, der Papyrus Orbiney in die Ramessidenzeit zu datieren. Der Name des Gönners Josephs, Potiphor, ist seiner Bildung nach frühestens im Neuen Reich möglich. Schließlich erwähnt die Bibel selbst in der Exodusgeschichte (Ex. 13, 27) das Wort Ramses als Bezeichnung für die Landschaft im Lande Gosen, in der Joseph seinen Vater und seine Brüder ansiedelte. Aus diesen inhaltlichen sowie darüber hinaus aus sprachlichen Gründen hat man versucht, die Josephsgeschichte in die frühe Ramessidenzeit zu datieren. Diese Ansicht vermag jedoch nicht zu erklären, weshalb gerade in der Zeit eines starken Königtums mit Joseph ein von den Ägyptern verachteter Nomade zum höchsten Beamten Ägyptens aufsteigen konnte. Erstaunlich bleibt zumindest die genaue Beschreibung, die der Verfasser der Josephsgeschichte von Ägypten und dem Leben dort gegeben hat. Der israelitische Verfasser zeigte sich jedenfalls mit den damaligen Verhältnissen in Ägypten bestens vertraut, wobei er die Verhältnisse möglicherweise so wiedergegeben hat, wie sie damals den Israeliten bekannt waren. Die Josephsgeschichte gehört in den Rahmen der Geschichte der Stämme vor der Landnahme. Sie ist ein kunstvoll gestaltetes Literaturwerk, dessen Geisteshaltung der israelitischen Weisheitsliteratur entspricht. So ist der Satz Josephs, den er seinen Brüdern nach Jakobs Tod sagte, zu verstehen: „Ihr freilich hattet Böses gegen mich im Sinne, Gott aber lenkte es zum Guten, um das zu vollführen, was jetzt offenkundig ist, um viele Menschen am Leben zu erhalten.“ Dies ist von seiner Form und seinem Inhalt her für die davidisch-salomonische Weisheitsliteratur typisch (Gen. 50, 20). Wir dürfen deshalb annehmen, dass die Josephsgeschichte nicht vor dem 9. Jahrhundert zu den Zeiten der Könige David und Salomo verfasst worden ist. Vom König Salomo berichtet die Bibel, dass er einen Rivalen hatte, der als Jerobeam der erste König des Nordreiches Israel wurde. Jerobeam ging aus dem Stamme Ephraim hervor, dessen Stammvater Joseph war. Wie Joseph hielt sich Jerobeam vor seiner Ernennung eine Zeitlang in Ägypten auf, wohin er vor Salomo geflohen war (3. Kön.12). Wir können deshalb Joseph als Stammvater und Repräsentanten des nordisraelitischen Königtums ansehen. Seine Geschichte wäre insoweit nicht historisch, sondern eher als eine in Konkurrenz zur Geschichte vom Aufstieg Davids verfasste Legitimationserzählung für das Königtum aus dem Hause Joseph anzusehen. Die Josephgeschichte verfolgte danach unabhängig von dem Problem ihrer Historizität eher politische Gründe, um die Verhältnisse zum Zeitpunkt zugunsten der Repräsentanten des Hauses Josephs, des nordisraelitischen Königtums zu regeln. Die Josephsgeschichte war darüber hinaus ein wichtiges Dokument für die Rolle der im Ausland lebenden Juden sowie eine Anleitung für das rechte Verhalten in fremder Umgebung.

3.7. Die Hyksoszeit[115]

Ein historischer Kern, der sich möglicherweise in der Geschichte von Moses und der Exodusgeschichte verbirgt, ist die Geschichte von der Eroberung Ägyptens durch die Hyksos. Die Hyksos, altägyptisch Heka Chasut, „Herrscher der Fremdländer" waren eine Gruppe von semitischen Einwanderern. Von Flavius Josephus wurden die Hyksos in seinem Geschichtswerk „Contra Apionem" mit Hirtenvölker bezeichnet, um damit eine Völkerverwandtschaft zu den Israeliten herzustellen. Wenn auch der Aufenthalt der Erzväter, insbesondere der Abrahams in Ägypten in den altägyptischen Quellen keine Erwähnung fand, so bedeutete das Eindringen anderer asiatischer Stämme um 1650 v. Chr. in das Ostdelta eine politische und gesellschaftliche Umwälzung von historischer Dimension. Über den Einfall dieser Hyksos genannten asiatischen Volksstämme berichtet der jüdische Geschichtsschreiber Flavius Josephus in seinem Werk „Contra Apionem" unter Bezugnahme auf die Geschichte des Manetho.

„Unerwartet zogen aus dem Osten Menschen unbekannter Rasse siegesbewusst gegen das Land. Leicht eroberten sie es mit Gewalt und, nachdem sie die Führer überwältigt hatten, verbrannten sie die Städte grausam und zerstörten die Göttertempel. Die Einwohner behandelten sie auf grausamste, indem sie die einen erschlugen, die Frauen und Kinder der anderen in die Sklaverei verschleppten. Schließlich machten sie einen von sich mit dem Namen Salitis zum König. Er residierte in Memphis und erhob Tribut von Ober- und Unterägypten."[116]

Der Zeitpunkt des Einfalls der Hyksos lässt sich ziemlich genau bestimmen. So fiel in die Regierungszeit des Pharaos Haremhab der 400. Jahrestag des Wiederaufbaus des Seth Tempels in Avaris. Auf der Vierhundertjahresstele, die Ramses II. zur Erinnerung an diesen Tag in Avaris aufstellen ließ, wurde als Datum der 28. Juli genannt. Geht man von einer 27 Jahre dauernden Regierungszeit Haremhabs aus, so muss der Einzug der Hyksos zwischen 1719 v. Chr. und 1692 v. Chr. stattgefunden haben. Die Herkunft der Hyksos ist umstritten. Wahrscheinlich handelt es sich um Amurriter, also semitische Stämme aus Kanaan und den syrisch-libanesischen Küstengebieten. Der Einfall der Hyksos in das Ostdelta war nach archäologischen Forschungen der Schlusspunkt einer weiträumigen Völkerverschiebung in Vorderasien. Wahrscheinlich ging der Hyksosherrschaft eine langsame Unterwanderung des Nildeltas durch einzelne semitische Sippen voraus und beruhte insoweit nicht auf einem kriegerischen Einfall ausländischer Truppen. Der Einfall wurde begünstigt oder erst dadurch möglich, dass Ägypten in dieser so genannten zweiten Zwischenzeit geschwächt war. Die Hyksos sahen sich als Nachfolger der 13. Dynastie. Nach den Überlieferungen des ägyptischen Geschichtsschreibers Manetho aus dem 3. Jahrhundert v. Chr. werden die Hyksos von ihm jedoch der 15. Dynastie oder der 17. Dynastie zugeordnet. Die Hyksos setzten sich aus den großen Hyksos (15. Dynastie 1648 – 1536 v. Chr.) und den gleichzeitig herrschenden Vasallen der großen Hyksos, den kleinen Hyksos, der 16. Dynastie zusammen.

Mit den Thronwirren in der 13. Dynastie und dem Abfall des Nildeltas während der 14. Dynastie vollzog sich die Auflösung Ägyptens in Teilstaaten. Diese Entwicklung vollzog sich langfristig und war nicht das Ergebnis eines kriegerischen Einfalles, wie es Flavius Josephus darstellte. Es ist wahrscheinlicher, dass gegen Ende des Mittleren Reiches zahlreiche semitische und asiatische Bewohner im Ostdelta lebten und ein Teil von ihnen sich gegen die ägyptischen Herrscher erhoben hatten. Durch die Einwanderung von Semiten und Asiaten nach Ägypten war im östlichen Nildelta gleichsam ein asiatischer Brückenkopf entstanden. Dieses Eindringen von Fremden wurde durch die Schwäche der Herrscher der 13. Dynastie erleichtert. Das spricht für die Annahme, dass die Hyksosherrschaft in Ägypten allmählich begonnen hat und mit der Übernahme des Thrones in Memphis durch den ersten Hyksosherrscher Salitis endgültig besiegelt worden ist. Neben den Hyksos hat es zur gleichen Zeit in Oberägypten (17. Dynastie) sowie im Delta und in Mittelägypten (16. Dynastie) lokale Königtümer gegeben. Die Hyksos gründeten im Delta Auaris oder Avaris und machten diesen Ort zu ihrer Hauptstadt. Ihr Einzug wurde von Flavius Josephus mit folgenden Worten beschrieben:

„Toutimaios in seiner Regierung, ich weiß nicht wie, aber der Gott war gegen uns, und plötzlich kamen aus dem Osten Menschen unbekannter Herkunft, die kühn eine Invasion in unser Land durchführten, es einfach ohne Kampf in ihren Besitz nahmen. Sie ergriffen die Gouverneure und brannten die Städte nieder, sie zerstörten die Tempel der Götter. Alle Bewohner behandelten sie in sehr barbarischer Weise, einige erschlugen sie und führten Frauen und die Kinder anderer Personen in die Sklaverei. Bald darauf erhoben sie einen eigenen König, dessen Namen Salitis war und dieser ließ sich auch in Memphis nieder, erhob Tribute sowohl von Ober- als auch von Unterägypten und errichtete Garnisonen an strategisch wichtigen Orten, vor allem im östlichen Landesteil, um gegenüber einem eventuellen Angriff der Assyrer gewappnet zu sein. Im schiroitischen Gau fanden sie eine sehr gut gelegene Stadt, die sich der auf der anderen Seite des Bubastisflusses befand. Sie nannten diese Stadt aufgrund seiner Gebäude Avaris. Salitis baute Avaris wieder neu auf und umzog den Ort mit befestigten Wällen. In der Stadt Avaris befand sich eine Schutzbesatzung von 240.000 Soldaten.“[117]

Bei den Untersuchungen der Überreste der Stadt Avaris auf dem Tell el-Daba entdeckten österreichische Archäologen zahlreiche Pferdeskelette. Sie werden der zweiten Hälfte der Hyksoszeit etwa 1575-1520 v. Chr. zugerechnet. Die Eigennamen der Hyksosherrscher waren teils ägyptisch, teils semitisch und teils churrisch. Die Herrschaft der Hyksos endete schließlich mit der Einnahme ihrer Deltahauptstadt Avaris und ihrer Vertreibung durch den späteren Pharao Ahmose, den Begründer des Neuen Reiches. Den Hyksos verdankte Ägypten einige technische Neuerungen. So wurde die Bewaffnung des ägyptischen Heeres verbessert. Für die Kriegsführung revolutionierend war vor allem die Einführung von Pferd und Wagen, welche die Hyksos aus Asien mitbrachten und die die bisherige Kriegsführung völlig veränderte. Später züchteten die Ägypter sogar Pferde. So verweist das Alte Testament im 3. Buch der Könige darauf, dass König Salomon Pferde und Wagen in Ägypten einkaufte und sie nach Syrien und Kleinasien weiterverkaufte. Die Zeit der Hyksosherrschaft wird vielfach mit der biblischen Josephsgeschichte in Zusammenhang gebracht. So hieß ein Hyksoskönig „Jakob el“, was als ein Indiz für eine enge Beziehung zwischen den Hykosherrschern und dem Stamm Jakob gewertet wurde. Dem ist jedoch entgegenzuhalten, dass für eine derartige Verbindung sich in den ägyptischen Quellen keinerlei Anhaltspunkte erge-

ben. Selbst die Josephsgeschichte fand in ägyptischen Quellen keinerlei Niederschlag, obwohl der letzte Hyksoskönig den Namen Joseph getragen haben soll. Untersuchungen von Inschriften und Siegeln mit dem Namen von Hyksos-Herrschern haben ergeben, dass die Namen von Hyksosherrschern westsemitisch, d.h. kanaanäisch waren. Jüngste archäologische Ausgrabungen in Avaris, der Hauptstadt der Hyksos im Nildelta, haben diese Schlussfolgerung bestätigt. Danach war die Kultur der Hauptstadt der Hyksos überwiegend von der Kultur Kanaans geprägt. Derartige Erkenntnisse führen zu dem Ergebnis, dass es sich bei der Hyksos Invasion eher um eine allmähliche Zuwanderung aus Kanaan nach Ägypten und nicht um einen militärischen Einfall handelte. Von einer Militärinvasion hatte Manetho berichtet, der jedoch 1500 Jahre später lebte. Er ließ sich dabei jedoch von den Erinnerungen der Ägypter an die Invasionen Ägyptens durch Assyrer, Babylonier und Perser im 7. und 6. Jahrhundert leiten.
Mit der Verlegung der Residenz von Avaris nach Theben begann die 17. Dynastie (1645-1550 v. Chr.). Der letzte Herrscher dieser Dynastie Kamose (1555-1550 v. Chr.) unternahm den ersten Feldzug gegen die Hyksos. Diese wurden dann durch den ersten Herrscher der 18. Dynastie Amosis endgültig vertrieben. Dabei drängte Amosis die Hyksos zunächst auf originär von Juden bewohntes Territorium ab, bevor er sie nach dreijähriger Belagerung ihrer Hauptfestung Scharuhen in Südpalästina endgültig aus Ägypten vertrieb. Die näheren Umstände beruhen auf vielfältigen Hypothesen. Insgesamt soll die Herrschaft der Hyksos 108 Jahre gedauert haben. Die Vertreibung der Hyksos durch den Begründer der 18. Dynastie Ahmose wird aufgrund ägyptischer Aufzeichnungen und archäologischen Zeugnissen von zerstörten Bauten auf 1570 v. Chr. datiert. Zuvor hatte Kamose von Theben aus mehrere Angriffe gegen die Hyksos und deren Hauptstadt Avaris durchgeführt. Der Hyksosherrscher Apohis I. wollte daraufhin ein Bündnis mit Kerma in Nubien gegen die Ägypter schließen. Kamose fing jedoch den Boten mit Apophis Nachricht ab und konnte damit die militärische Unterstützung Nubiens verhindern.
Manetho, der in seinen „Aigyptiaca" seine Version der Exodusgeschichte in zwei Teilen schrieb, erzählte im ersten Teil die Geschichte der Hyksos in Ägypten, ihre Herrschaft über Ägypten, den Aufstand der Könige von Theben sowie des übrigen Ägyptens gegen die Hyksos und ihre Niederlage und Vertreibung aus Ägypten. Nachdem sie Ägypten verlassen hatten, wanderten sie zunächst nach Syrien, anschließend aus Furcht vor den Assyrern weiter nach Kanaan, dem heutigen Judäa, wo sie eine Stadt gründe-

ten, die sie Jerusalem nannten. Zwar werden in der Hyksosgeschichte die Juden nicht namentlich erwähnt. Die Geschichte deutet jedoch daraufhin, dass es sich bei den vertriebenen Hyksos um die Vorfahren des jüdischen Volkes handelte und diese von Manetho *incidenter* mit den Juden identifiziert wurden. Dies lässt den Schluss zu, dass die Erinnerung an die Vertreibung der Hyksos aus Ägypten nach Kanaan möglicherweise auch den biblischen Mythos vom Auszug aus Ägypten beeinflusst hat. Im Einzelnen werde ich dies noch weiter unten im Zusammenhang mit Moses und der Exodusgeschichte untersuchen. In seinem Werk „Contra Apionem" geht Flavius Josephus anders als Manetho davon aus, dass es sich bei den Hyksos um Juden handelte, und vermischt die Hyksosgeschichte mit der Aussätzigen- und Vertreibungsgeschichte Manethos.

3.8. Die Israeliten in Ägypten während der Regierungszeit Ramses II.[118]

Eine wichtige Zeit für die Israeliten in Ägypten und ihr Schicksal war nach der Exodusgeschichte die Regierungszeit Ramses II. Die Bibel berichtet über den Regierungsantritt dieses großen Pharaos: „Nun kam ein neuer König in Ägypten zur Herrschaft, der von Joseph nichts wusste. Der sagte zu seinem Volk: Seht, das Volk der Israeliten ist zahlreicher und stärker als wir. Wohlan, wir wollen gegen es klug zu Werke gehen, damit es nicht noch weiter wächst und im Falle eines Krieges zu unseren Feinden übergeht, gegen uns kämpft und aus dem Lande wegzieht." (Ex. 1,8-10)
Dieser neue König, den die Bibel nicht mit Namen nennt, war mit großer Wahrscheinlichkeit Ramses II. Er bestellte nach der Schilderung der Bibel Fronvögte über das israelitische Volk, um es mit Fronarbeiten zu bedrücken. Diese den Israeliten auferlegte Fronarbeit ist besonders anschaulich auf Wandreliefs im Felsengrab des Wesirs Rekhmare westlich von Theben dargestellt. Eine der Szenen aus dem Grab zeigt Rekhmare bei der Kontrolle öffentlicher Ziegelarbeiten für den großen Amuntempel von Karnak. Dargestellt sind nur mit einem Lendenschurz bekleidete Arbeiter, deren helle Hautfarbe auffallend ist, im Vergleich zu der dunklen Hautfarbe der ägyptischen Aufseher. Wahrscheinlich handelt es sich bei diesen Menschen um Semiten, die zur Zwangsarbeit verpflichtet waren. Ihre Tätigkeit bestand in der Herstellung von Lehmziegeln. Dazu mischten sie Lehm, formten diesen in Holzformen zu Ziegeln, legten sie in der Sonne zum Trocknen aus und trugen die getrockneten Ziegel mit einem Joch zur

Baustelle. Ähnlich wie diese Semiten können wir uns die Israeliten bei ihrer Fronarbeit vorstellen. Da die Israeliten von Natur aus Viehzüchter waren, mussten ihnen diese Bau- und Ziegelarbeiten besonders hart und beschwerlich vorgekommen sein. Die Bibel berichtet darüber: „Die Ägypter erschwerten ihnen das Leben durch harte Frohn bei Lehm und Ziegeln und allerlei Feldarbeit." (Ex. 1,14) Die Städte Pithom und Per-Ramesse, wo die Israeliten zur Fronarbeit eingesetzt waren, lagen im Ostdelta. Pithom war die ägyptische Stadt Per-Atum, Haus des Atums, die Ramses II. erbauen ließ. Per Ramesse war die Deltaresidenz Ramses II., die er in Erinnerung an seine großen Siege auf den Schlachtfeldern „Groß an Siegen" benannte. Die genaue Lage der Stadt war lange Zeit umstritten. Während man zunächst glaubte, sie habe an der Stelle von Auaris, der Hauptstadt der Hyksoskönige gelegen, ist man heute der Ansicht, dass sie etwa achtzehn Kilometer weiter südlich in der Nähe des heutigen Ortes El Quantir zu suchen ist. Dort fand man Reste eines Palastes Ramses II.

Der Grund für die Verlegung der Residenz in das Ostdelta war ihre günstige strategische Lage bei kriegerischen Angriffen der Asiaten. Im früheren Pithom, dem ägyptischen Per-Atum, fanden Archäologen bei Ausgrabungsarbeiten Reste von Getreidespeichern sowie Inschriften, in denen von großen Vorratsräumen die Rede ist. Diese Speicher und Räume wurden nach dem Bericht der Bibel wahrscheinlich von den Israeliten gebaut. Das biblische Gosen, der Aufenthaltsort der Israeliten in Ägypten, begann nur wenige Kilomter östlich der Residenz Per-Ramesse, Ramsesstadt und reichte bis zum biblischen Pithom. Die Israeliten waren billige Arbeitskräfte zur Durchführung der umfangreichen Bauvorhaben Ramses II., der sie einfach von ihren Herden wegholte und zu Bauarbeiten zwangsverpflichtete. Die Schönheit der von den Israeliten miterrichteten neuen Residenz beschreibt der Schüler Pai-Bes seinem Lehrer Imen-em-ipet in einem Brief: „Ich bin nach Pi-Ramses gekommen und finde, dass es wundervoll ist. Eine prachtvolle Stadt, die nichts ihresgleichen hat. Nach dem Plane Thebens hat derselbe Gott Re sie gegründet. Das Verweilen darin bedeutet ein herrliches Leben. Ihre Gefilde bieten eine Fülle von guten Dingen. Täglich bekommt sie frische Nahrung und Fleisch. Ihre Teiche sind voll von Fischen, ihre Lagunen sind mit Vögeln bevölkert, ihre Wiesenflächen sind mit grünem Gras bedeckt, und ihr Obst hat den Geschmack des Honigs auf den bebauten Feldern. Ihre Vorratshäuser sind voll von Gerste und Getreide. Sie ragen bis zum Himmel empor. Es gibt Zwiebeln und Schnittlauch für die Speisen, auch Granatäpfel, Äpfel, Oliven und Feigen

aus den Obstgärten. Süßen Wein von Kenkeme, der wohlschmeckender ist als Honig. Der Shi-Hor-Deltaarm liefert Salz und Salpeter. Ihre Schiffe kommen und gehen. Hier gibt es täglich frische Nahrungsmittel und Vieh. Man freut sich, dort wohnen zu dürfen, und niemand ruft darin aus: Gebe Gott! Die kleinen Leute leben dort wie die großen. Auf! Laßt uns darin ihre Himmelsfeste feiern und den Beginn der Jahreszeiten.“[119]
Selbst die Zeit der Fronarbeit konnte die Erinnerung der Israeliten an das Leben im Überfluss nicht verdrängen.
So warfen sie Mose und Aron bei ihrem Zug durch die Wüste vor: „Wären wir doch lieber in Ägypten durch die Hand des Herrn gestorben, als wir bei unseren Fleischtöpfen saßen und satt zu essen hatten.“ (Ex. 16,3)

3.9. Die Landnahme der Israeliten und ihre Auseinandersetzung mit den Ägyptern[120]

Auch nach dem Exodus der Israeliten und der Landnahme in Kanaan ergaben sich zu allen Zeiten Berührungspunkte zwischen Ägypten und Israel bzw. Juda. Gegen Ende der 19. Dynastie erlahmten die Kräfte des einst so mächtigen Ägyptens. Es verlor die Oberhoheit über Palästina, das seit Beginn der 18. Dynastie ägyptische Provinz war. Während dieser Zeit ließen die Ägypter das Feudalsystem Palästinas weitgehend unangetastet. Die einheimischen Kleinfürsten herrschten selbstgefällig und despotisch. Das Volk sank zu rechtlosen Untertanen herab, die an der Grenze des Existenzminimums dahinvegetierten. Solange die Fürsten pünktlich ihre Tribute an die ägyptische Provinzialverwaltung abführten, mischten sich die Ägypter nicht in ihre blutig geführten Auseinandersetzungen ein. Palästina blutete nach und nach aus. Da ergoss sich etwa um 1200 v. Chr. Geburt die sogenannte Seevölkerbewegung über Kleinasien, den Balkan und zur See über die Inseln der Ägäis, Phönizien bis hin nach Ägypten und Libyen aus. Es handelte sich um eine indoeuropäische Völkerbewegung, der viele alte Kulturen der antiken Welt zum Opfer fielen. Zu den bekanntesten Opfern gehörten Troja und das Hethiterreich, das seit Ramses II. der wichtigste Bundesgenosse Ägyptens im Osten war. In Libyen übten sie einen starken Druck auf die libyschen Stämme aus, die sich dadurch gezwungen sahen, nach Westen in Richtung auf Ägypten auszuweichen.
In seinem fünften Regierungsjahr besiegte der Pharao Merenptah den Libyerfürsten Merije. Dieser war mit Weibern, Kindern und seinem Tross zu einem Zeitpunkt in Ägypten eingefallen, als der Pharao wieder einmal be-

schäftigt war, aus Palästina ins Nildelta eingefallene Beduinenstämme zu vertreiben. Die Libyerschlacht fand wahrscheinlich nordwestlich von Memphis statt. Sie dauerte nur sechs Stunden und endete mit der völligen Vernichtung der libyschen Eindringlinge. Die Ägypter nahmen dabei insgesamt neuntausend Libyer gefangen und machten umfangreiche Beute. Ihr Anführer Merije konnte entkommen. Seinen Ruhm ließ Merenptah auf einem Gedenkstein Amenophis III. in Theben einmeißeln. Dieser Stein ist unter dem Namen „Israelstele" berühmt geworden. Gegen Ende der Inschrift ist von Israel die Rede: „Libyen ward zerstört, das Hethiterland ist befriedet, Kanaan ward erbeutet mit jedem Bösen, Askalon ward gefangen fortgeführt. Gezer ward gepackt, Jenoam ward zunichte gemacht, Israel ist verdorben und hat keinen Samen mehr, Syrien ist zur Witwe geworden für Ägypten. Alle Länder sind vereint in Frieden."[121]

Diese Stele ist deshalb für uns wichtig, weil es das einzige Mal ist, dass der Name Israel in einer ägyptischen Urkunde vorkommt. Da Israel ausdrücklich als Volk bezeichnet wird, dürfen wir annehmen, dass die Israeliten um 1229 v. Chr. bereits in Palästina ansässig waren.

Eine zweite Libyerwelle machte in der 20. Dynastie dem Pharao Ramses III. zu schaffen. Dieser hatte zunächst versucht, die libyschen Stämme friedlich dadurch in seine Gewalt zu bekommen, dass er ihnen einen in Ägypten aufgezogenen libyschen Prinzen zum König gab. Dieser Versuch schlug jedoch fehl. Nachdem die Libyer den westlichen Nilarm überschritten hatten, kam es im fünften Regierungsjahr Ramses III. zu einer für die Ägypter siegreichen Schlacht wiederum in der Nähe von Memphis. Die Bedrohung durch libysche Stämme hielt jedoch bis zum elften Regierungsjahr Ramses III. weiter an. Erst dann gelang es Ramses III., die Libyer entscheidend zu schlagen. Ihr Anführer wurde gefangen genommen, dessen Sohn getötet. Über den Verlauf dieser Schlacht berichten Wandbilder aus dem Tempel von Karnak und aus dem Tempelpalast Rames III. in Medinet Habu. Der Text dieser Inschriften ist überladen mit Phrasen, denen der historische Hergang der Schlacht nur schwer zu entnehmen ist.

Durch die beiden Siege konnte die Einwanderung libyscher Stämme in das westliche Delta zwar nicht aufgehalten werden. Die einwandernden Libyer ließen sich jedoch friedlich in Ägypten nieder und wurden vielfach im ägyptischen Heer als Söldner oder in Privathaushalten als Sklaven verwendet. In der 22. Dynastie gelang es einem libyschen Herrschergeschlecht sogar den Pharaonenthron zu besteigen. Um 1186 v. Chr. sah sich Ägypten dem Angriff der Seevölker gegenüber. Sie rückten zu Lande

durch Palästina vor und versuchten mit Schiffen in die Nilmündungen einzudringen. In diesem Angriff auf Ägypten hatten sich mehrere Völker zu einer Koalition zusammengeschlossen. Von diesen Völkern erlangten drei historische Bedeutung: die Danuna, die Danaer der Ilias Homers, die Tjekker, die uns unter dem Namen Teuker bekannt sind, sowie die Peleset, die Philister des Alten Testamentes. Dieses letzte, im Leben der Israeliten eine so entscheidende Rolle spielende Volk, soll von Kreta gekommen sein. Es ließ sich danach in dem Gebiet um Askod, Askalon und Gaza nieder, dessen Name Palästina sich von den Philistern ableitet. Wie groß die Furcht der Ägypter vor diesen Völkern war, erfahren wir aus den Wandinschriften des Tempelpalastes Ramses III. in Medinet Habu: „Kein Land konnte vor ihren Waffen bestehen. Das Hethiterreich, Kode, Karkemisch [...] und Zypern wurden mit einem Schlag zerstört [...] Sie richteten diese Völker zugrunde, und ihre Länder waren so, als wären sie niemals gewesen. Sie waren im Anmarsch auf Ägypten [...] Sie legten ihre Hände auf die Länder bis zum Umkreis der Erde. Ihre Herzen waren voller Vertrauen und Zuversicht: Unsere Pläne werden gelingen“.[122] Ihr Angriff wurde von Ramses III. mit großer Anstrengung zurückgeschlagen. Ausführlich ist diese Schlacht geschildert auf den Wandreliefs von Medinet Habu.
Der Bericht Ramses III. beginnt mit den Vorbereitungen zu dieser Schlacht: „Ich habe die Flussmündungen vorbereitet wie einen starken Wall mit Kriegsschiffen [...] voll bemannt mit tapferen Kriegern, die ihre Waffen trugen“.[123] Nach der Niederlage siedelten sich die Philister in der südlichen Küstenebene Palästinas an. Von dort aus drangen sie in das umliegende Hügelland vor und trafen dort auf die Israeliten.
Nach dem 1. Buch Samuel wurden die Israeliten von den Philistern entscheidend besiegt und gerieten in ihre Knechtschaft. In dieser Lage wählten sie Saul, einen wegen seiner Körpergröße berühmten Mann, zum König. Nach anfänglichen Erfolgen wurde jedoch auch Saul von den Philistern entscheidend geschlagen. Sein Leib wurde gepfählt und auf einer Stadtmauer zur Schau gestellt. Das israelitische Volk geriet so wiederum unter das Joch der Philister. Sein Untergang schien unmittelbar bevorzustehen. Da entstand dem Volk in David der große Befreier aus dieser hoffnungslosen Lage. David wurde zum zweiten König gekrönt. Israel erlangte unter seiner Herrschaft Macht, Ansehen und Größe. Begünstigt wurde dieser Aufstieg Israels durch die Schwäche und die Zerfallserscheinungen bei den einstmals so mächtigen Staaten Mesopotamiens und Ägyptens. In Ägypten gelangte zu dieser Zeit die Priesterschaft des Gottes Amun zu

immer mehr Macht und Reichtum. Das Ansehen des Königs wurde immer geringer. Sein Einfluss reichte ab der 22. Dynastie nicht über die Landesgrenzen hinaus. Oberägypten wurde zur Einflusssphäre der Hohenpriester des Amun, die es zu einem halbsouveränen Gottesstaat machten. Der König war nur noch nominell Herrscher über Ägypten und trat seine Herrschaft an den Gott Amun ab. Alle wichtigen Entscheidungen traf der Gott selbst mittels eines Gottesorakels.
Die innere Schwächung hatte zur Folge, dass Ägypten auch außenpolitisch an Ansehen verlor. Dieser Umstand wurde anschaulich beschrieben im Reisebericht des Wen-Amun um 1100 v. Chr. Wen-Amun, ein hoher Tempelbeamter, wurde vom Hohenpriester des Amun, Herihor, von Tanis nach Byblos gesandt, um dort Zedernholz für Bauarbeiten an der heiligen Barke des Amun zu holen. Solange Ägypten mächtig war, war dies nicht schwierig. Der Fürst von Byblos war gerne bereit gewesen, dem Gott Amun, wenn auch gegen Bezahlung, diesen Dienst zu erweisen.
Als Ägypten jedoch schwächer geworden war, fehlte es an Geld und an Einfluss, um das für den Umbau benötigte Holz aus Byblos zu beschaffen. In dieser Notlage kamen die Hohenpriester auf den Gedanken, Wen-Amun mit einem Bild des Gottes nach Byblos zu senden. Die Fahrt sollte für Wen-Amun zu einer Schreckensfahrt werden. Zunächst wurde ihm das wenige Geld, das man ihm zum Ankauf des Zedernholzes mitgegeben hatte, gestohlen. In Byblos selbst erwartete ihn statt des erwarteten, für den Abgesandten einer Großmacht üblichen prunkvollen Empfanges eine weitere Enttäuschung. Als er endlich den Hafen von Byblos erreicht hatte, ließ der Fürst ihm durch einen Boten sagen: „Mach, dass du aus meinem Hafen kommst."[124] Erst nach neunzehn Tagen vergeblichen Wartens ließ der Fürst Wen-Amun zu sich kommen und fragte ihn: „Mit was für einen Auftrag bist du hierher gekommen?"[125] Wen-Amun antwortete: „Ich bin hergekommen, um Holz für die große, herrliche Barke des Amun-Re, des Götterkönigs, zu holen. Dein Vater tat es, dein Großvater tat es und auch du wirst es tun. Da sagte der Fürst: „Sie haben es wirklich getan, und wenn du mir etwas dafür geben wirst, dass ich es tue, so tue ich es auch. Gewiss, die Meinen haben diesen Auftrag ausgeführt, aber der Pharao hatte auch sechs Schiffe hierher geschickt, die mit ägyptischen Waren beladen waren, und man lud sie in meine Speicher aus. So bringe auch du mir etwas."[126]
Wen-Amun versuchte vergeblich, statt der Waren das Bild des Gottes anzubieten. Daraufhin ließ er die vom Fürsten verlangten Waren aus Ägyp-

ten herbeischaffen. Als der Fürst die Waren sah, ließ er die von Wen-Amun begehrten Bäume fällen. Im dritten Sommermonat wurden sie endlich ans Ufer des Meeres geschleppt. Der Fürst kam ans Meer und sagte dem Wen-Amun zum Abschied: „Sieh, den Auftrag, den meine Väter vorher ausgeführt haben, den habe ich nun auch ausgeführt, obwohl du mir nicht das geleistet hast, was deine Väter mir geleistet haben. Siehe, auch das letzte Holz ist nun gekommen und liegt da. Tue nun nach deinem Wunsch und komme es einzuladen, denn wahrlich man gibt es dir. Komm du nun aber nicht und sieh auf die Schrecklichkeit des Meeres. Wenn du auf die Schrecklichkeit des Meeres siehst, so sieh auch auf die von mir."[127]
Was kann bezeichnender sein als die Schilderung dieser Erniedrigung und Respektlosigkeit, die Wen-Amun aufgrund der Schwäche seines Landes hatte ertragen müssen.

Mit dem 2. Buch Samuel und dem König David setzt die Geschichtsschreibung im Alten Testament ein. Darin tauchen immer wieder die Namen Ägyptens und die seiner Pharaonen auf. So suchte der König Salomo durch die Heirat einer Tochter des Pharaos Siamun friedliche Beziehungen zu Ägypten. Als Mitgift überließ Siamun Salomo die Stadt Gezer. Nach dem Tod Salomos zerbrach dessen Königsreich in zwei Teile. Die endlosen Streitigkeiten zwischen den Stämmen endeten in einem Bürgerkrieg. Zehn Stämme aus dem Norden des Reiches fielen von Salomos Sohn und Nachfolger Rehoboam ab und machten Jerobeam, den sie aus Ägypten holten, zum König des Nordreichs Israel. Rehobeam verblieb das Südreich Juda mit Jerusalem als Hauptstadt. Vom Süden fiel um 930 v. Chr. der ägyptische Pharao Sisak in Juda ein und eroberte dessen Hauptstadt Jerusalem. Bei diesem Pharao handelte es sich um den Begründer der 22. Dynastie Scheschonk I. (etwa 946-925 v. Chr.), der Sohn eines libyschen Söldnerführers. Mit ihm begann die Fremdherrschaft der Libyer, die zumindest in Unterägypten, wo es eine starke Kolonie libyscher Einwanderer gab, nie als eine solche empfunden wurde.

Auf größere Widerstände stieß Scheschonk in Oberägypten, das vollständig unter dem Einfluss der Hohenpriester des Amun in Theben stand. Diese sahen die Fremdherrschaft der Libyer nur sehr ungern. Scheschonk löste dieses Problem dadurch, dass er seinen Sohn selbst zum Hohenpriester des Amun machte. Über den Feldzug Scheschonks berichtet die Bibel. „Im fünften Jahr des Königs Rehobeam zog der König Sisak von Ägypten gegen Jerusalem heran und raubte die Schätze im Tempel des Herrn und

die des königlichen Palastes. Alles nahm er weg. Auch die goldenen Schilde raubte er, die Salomo hatte anfertigen lassen." (1. Kön. 14,25ff)
Scheschonk selbst ließ seinen erfolgreichen Feldzug in der von ihm errichteten Bubistidenhalle in Karnak festhalten. Auf einem Wandrelief dieser Halle finden wir eine Darstellung des Gottes Amun mit einem Sichelschwert in der Rechten und an Stricken gefesselten palästinensischen Gefangenen in der Linken. Jeder Gefangene verkörperte eine Stadt oder Ortschaft in Palästina. Der Feldzug Scheschonks blieb für längere Zeit die letzte, unmittelbare Einflussnahme Ägyptens auf Palästina, das in der Folgezeit unter die Herrschaft der Babylonier und Assyrer geriet. Diese Fremdherrschaft versuchten die Israeliten mehrmals mit Hilfe der Ägypter abzuschütteln. So versuchte Hoesa, als er König von Israel war, nach Kontaktaufnahme mit dem ägyptischen Pharao gegen die Assyrer zu konspirieren, indem er ihnen den alljährlichen Tribut verweigerte. Der assyrische König schlug jedoch sofort zurück: „Als aber der König von Assyrien sah, dass Hosea treulos war, er hatte nämlich Boten an den Pharao gesandt und dem König nicht wie alljährlich den Tribut entrichtet, da ließ ihn der König von Assyrien festnehmen und ins Gefängnis werfen." (2. Kön. 17,4) Auch der Versuch des Königs von Juda Hiskia um 713 v. Chr. mit Hilfe Ägyptens und Askod eine Koalition gegen Assyrien zu gründen, schlug fehl. Der Vater Hiskias hatte sich dem assyrischen König freiwillig unterworfen und Juda zum abhängigen Vasallenstaat der Assyrer gemacht. Hiskia versuchte diesen Schritt seines Vaters rückgängig zu machen und fiel von Assyrien ab. Hierzu ermunterten ihn antiassyrische Unruhen, die in der Philisterstadt Asdod ausgebrochen waren. Hiskia hielt seine Pläne zunächst vor den Assyrern geheim. Die Rebellion in Asdod wurde von den Assyrern mit Waffengewalt unterdrückt. Hiskia kam ungeschoren davon, obwohl die Assyrer um dessen geheime Kontakte wussten, die er zu dem Pharao Schabaka aufgenommen hatte. Hierüber berichtet ein assyrisches Textfragment aus dieser Zeit: „Philistäa, Juda, Edom und Moab, die Feindseeligkeiten planten, Ruchlosigkeiten ohne Zahl [...] die, um ihn gegen mich feindlich zu stimmen, zum Pharao, dem König des Landes Ägyptens, ihre Huldigungsgeschenke brachten und ihm um ein Bündnis ersuchten."[128]
Die Lage schien sich für die Gegner günstiger zu gestalten als im Jahre 705 v. Chr., der assyrische König Sargon einem Mordkomplott zum Opfer fiel. Die daraufhin in Ninive ausbrechenden Unruhen nutzten die von Assyrien abhängigen Vasallenstädte Askalon und Ekron, um sich mit Hiskia

zu einer Koalition gegen die Assyrer zusammenzuschließen. Der Pharao Schabaka versprach ihnen, im Falle von kriegerischen Auseinandersetzungen zu Hilfe zu kommen. Nachdem der neue assyrische König Unruhen im Osten seines Landes niedergeschlagen hatte, wandte er sich nach Westen und besiegte die Aufständischen unter Führung Hiskias in einem einzigen Feldzug. Die von Schabaka vereinbarungsgemäß zu Hilfe geschickte ägyptische Armee schlug er in die Flucht. Hiskia selbst wurde in Jerusalem eingeschlossen. Doch unerwartet brachen die Assyrer die Belagerung Jerusalems ab. Die Bibel berichtet über dieses Ereignis: „In derselben Nacht ging der Engel des Herrn aus und streckte im Lager der Assyrer hundertfünfundachtzigtausend Mann nieder. Als man am Morgen aufstand, fand man sie alle als leblose Leichen. Sofort brach Sanherib, der König von Assyrien, auf und zog heim. Er blieb in Ninive." (2. Kön. 19,35-37). Dieses wunderbare, durch den Engel des Herrn symbolisierte Ereignis, welches die Assyrer zur Aufgabe der Belagerung Jerusalems zwang, war wahrscheinlich eine Pestepidemie. Diese Seuche wurde von Mäusen hervorgerufen und übertragen. Von einer solchen Pestepidemie, die gerade das assyrische Heer Sanheribs befallen haben soll, berichtet der griechische Geschichtsschreiber Herodot, der die Geschichte in einem Gespräch mit einem ägyptischen Tempelpriester erfahren hatte: „Zu der Zeit, als der Assyrerköng mit einem großen Heer nach Ägypten gezogen war, herrschte dort ein Priesterkönig, der den Kriegsstand verachtete. Die ägyptischen Krieger, die er so herablassend behandelt hatte, weigerten sich, für ihn ins Feld zu ziehen. Da eilte der Priesterkönig voller Verzweiflung in den Tempel, wo er erfuhr, dass die Gottheit ihm Helfer schicken werde. Im Vertrauen darauf brach der König, dem keine Krieger, sondern nur Krämer, Handwerker und Marktleute folgten, gegen Sanherib auf. An den Pässen des Landes ergoss sich darauf des Nachts ein Schwarm von Feldmäusen über das assyrische Heer. Sie zernagten die Köcher der Soldaten, die Bögen und die Handhaben ihrer Schilde, so dass am folgenden Tag, als sie ohne ihre Waffen flohen, eine Menge von ihnen umkamen."[129]
Dieser ägyptische König soll nach Herodot mit einer Maus in der Hand im Hephästusheiligtum gestanden haben. Betitelt war diese Darstellung mit einem Ausspruch der Maus: „Sieh mich an und bleibe unversehrt."[130]
Sanherib kehrte daraufhin nach Ninive zurück, wo er wie sein Vater ermordet wurde. Sein Nachfolger Asarhaddon fiel um 671 v. Chr. in Unterägypten ein und brannte die Residenzstadt Memphis nieder. Über dieses Ereignis berichtet eine assyrische Quelle: „Alle Äthiopier verschleppte ich

aus Ägypten und ließ nicht einen zurück, der mir hätte huldigen können. Überall in Ägypten setzte ich neue Könige, Statthalter, Offiziere, Hafenkommandanten und neues Verwaltungspersonal ein."[131] Die Deltafürsten, darunter auch der spätere Pharao und Stammhalter der 26. Dynastie, der junge Psametich erkannten die Oberhoheit der Assyrer an.

Nach dem Tod Asarhaddons eroberte der Pharao Taharka Memphis zurück und brachte auch die Deltafürsten wieder auf seine Seite. Kurz darauf erschien der neue Assyrerkönig Assurbanipal in Ägypten, um die Deltafürsten zu bestrafen und sie nach Ninive ins Exil zu bringen.

Im Jahre 664 v. Chr. starb der Pharao Taharka. Sein rechtmäßiger Nachfolger Tanwatamun wurde von den Deltafürsten um Necho abgelehnt. Necho wurde trotz seiner Teilnahme an einer Verschwörung der Deltafürsten gegen die assyrische Herrschaft begnadigt und in Memphis als König unter assyrischer Oberhoheit eingesetzt. Nach seiner Thronbesteigung erstürmte Tanwatamun Memphis. Necho kommt bei diesem Angriff ums Leben, sein Sohn Psametich flieht nach Assyrien.

Die Assyrer gewannen bereits beim Gegenangriff Unterägypten zurück und stießen in Verfolgung von Tanwatamun bis zum ersten Nilkatarakt vor. Theben, das bis dahin für uneinnehmbar gehalten wurde, wurde geplündert und verwüstet. Über dieses für die damalige antike Welt sensationelle Ereignis berichtete eine assyrische Quelle: „Die ganze Stadt eroberte ich [...] Silber,Gold, Edelsteine, den ganzen Besitz seines Palastes, bunte Gewänder, Linnen, prachtvolle Pferde, Sklaven und Sklavinnen, zwei große Obelisken aus glänzender Bronze mit einem Gewicht von 2.500 Talenten, die Tore des Tempels nahm ich von ihrer Stelle und brachte sie von Ägypten nach Assyrien. Eine ungeheuere Beute von unschätzbarem Wert nahm ich von Theben mit."[132] Theben hatte damit für alle Zeiten seinen Glanz verloren. In Memphis folgte Psametich aus dem Fürstenhaus von Sais seinem Vater als Vasall der Assyrer.

Um 650 v. Chr. verweigerte Psametich dem Assyrerkönig, der durch Kriege gegen äußere Feinde und die Empörung Babylons in Schwierigkeiten geraten war, den Tribut. Ägypten wurde wieder völlig selbständig, Psametich zum Begründer der 26. Dynastie. Nach 626 v. Chr. begann der endgültige Zusammenbruch Assyriens, nachdem es sich der Angriffe der Meder nicht mehr erwehren konnte. Babylonien und Palästina fielen von Assyrien ab. Da trat der Pharao Psametich nochmals dem Assyrerkönig zur Seite. Er rückte in Palästina ein und eroberte Askod. Im Jahre 616 v. Chr. schickte er dem Assyrerkönig Truppen gegen den König von Babylon zu

Hilfe. Im Jahre 612 v. Chr. stürzt das Assyrerreich endgültig mit der Eroberung der Hauptstadt Ninive durch Truppen der verbündeten Meder und Babylonier. Der Sohn Psametichs Necho II. setzte nach dem Tod seines Vaters dessen Asienpolitik fort. Er unternahm 609 und 608 v. Chr. Feldzüge zum Euphrat, um den Assyrer Assuruballit II. beim Neuaufbau eines assyrischen Reiches in Nordwestmesopotamien zu unterstützen. Beim zweiten Feldzug wurde er vom König Joschiah von Juda angegriffen. Joschiah wurde von Necho II. bei Megiddo besiegt und fiel. Sein Nachfolger Joachaz wurde von Necho abgesetzt und als Gefangener nach Ägypten gebracht. Der zweite Sohn Joschiahs Jojakim wurde von Necho II. zum König von Juda gemacht. Fast schien es, dass Necho II. mit diesen militärischen Erfolgen nochmals an die Taten der großen Pharaonen der 18. und 19. Dynastie anknüpfen könnte. Dieser Traum war jedoch nur von kurzer Dauer. Bei Karkemisch wurde Necho II. im Jahr 605 v. Chr. vernichtend geschlagen. Der Sieger dieser Schlacht Nebukadnezar wurde im Jahre 604 v. Chr. König von Babylon. Die Babylonier eroberten Syrien und Palästina. Necho II. musste aus Palästina fliehen, begleitet vom Spott des Propheten Jeremia: „Pharao, der liegt, er hat sein Gezelt gelassen [...] Man hört ihn davonschleichen wie eine Schlange“. (Jer. 46,17,22) Mit weniger Spott berichtet die Bibel in 2. Kön 24,7 über die Flucht Nechos: „Und der König in Ägypten zog nicht mehr aus seinem Land, denn der König zu Babel hatte ihm alles genommen, was dem König in Ägypten gehörte, vom Bach Ägyptens an bis an das Wasser Euphrat.“

Im Jahre 597 v. Chr. versuchte Juda vergeblich, sich gegen die Babylonier zu erheben. Jüdische Flüchtlinge siedelten sich in Ägypten an, wo sie zum Teil als Söldner in das ägyptische Heer eintraten. Auf der Insel Elephantine an der Grenze zu Nubien entstand eine jüdische Militärkolonie, von der uns zahlreiche Urkunden in aramäischer Sprache überliefert sind.

Danach versuchten ägyptische Könige nur noch vereinzelt Einfluss in Palästina zu gewinnen. So scheint der Pharao Apries dem König Zidkia von Juda versprochen zu haben, ihm bei einer Rebellion gegen die Babylonier Waffenhilfe zu leisten. Nebukadnezar zog daraufhin mit einer Streitmacht nach Juda und belagerte Jerusalem achtzehn Monate lang. Die Hoffnung der Belagerten auf eine Entlastung durch das ägyptische Heer schien sich zunächst auch zu erfüllen. Apries unternahm zunächst einen Seezug gegen die phönizischen Seestädte. Auf die Kunde von dem Herannahen der Ägypter zog sich Nebukadnezar zunächst mit seinem Heer zurück. Nachdem der Versuch der Ägypter, das belagerte Jerusalem durch ein Landheer zu entsetzen, gescheitert war, setzten die Babylonier ihre Belagerung fort. Hierüber berichtet der Prophet Jeremia: „Siehe das Heer des Pharao, das euch zur Hilfe ausgezogen ist, wird wiederum heim nach Ägypten ziehen.“ (Jer. 37,7) Schließlich nahm Nebukadnezar im Jahre 586 v. Chr. Jerusalem ein. Das jüdische Volk wurde in die babylonische Gefangenschaft fortgeführt, einem Teil gelang die Flucht nach Ägypten. Mit dem Fall Judas endeten auch die geschichtlichen Beziehungen zwischen Ägypter und Israeliten. Die wichtigste und folgenreichste Verbindung und Auseinandersetzung zwischen Ägypten und Israel ergibt sich aus der Exodusgeschichte, aus dem Aufenthalt der Israeliten in Ägypten, ihrer Knechtschaft, das Auftreten Moses und Jahwes und des Auszuges der Israeliten aus Ägypten mit dem Ziel, das von Jahwe versprochene Land in Besitz zu nehmen. Im Mittelpunkt des Exodusberichtes stehen die Figur des Moses und seine Biographie.

4. Biographie Moses – Moses als Begründer der jüdischen monotheistischen Religion

Sieht man in Echnaton den Begründer der ersten monotheistischen Religion, so ist die Figur des Moses mit der Gründung der jüdischen Religion verbunden, die zu den drei großen monotheistischen Religionen gehört neben dem Christentum und dem Islam. Echnaton und Moses sind als Religionsstifter einer monotheistischen Religion vergleichbar. Darüber hinaus sind Gemeinsamkeiten und Zusammenhänge zwischen den beiden großen Gestalten festzustellen im Sinne eines Abhängigkeitsverhältnisses, einer Art Lehrer-Schüler-Verhältnis. Es wurde sogar die These vertreten, dass es sich bei Echnaton und Moses historisch um dieselbe Person handele. Es ist die Lieblingsthese einer Enthüllungsliteratur, die mit dieser These Zweifel an der historischen Existenz Moses aufgreift.[133]

In der Aussätzigen- und Vertreibungsgeschichte Manethos ist Osarsiph, der ursprünglich für Echnaton und dessen Aton-Kult stand, zu Moses verschmolzen. Während die historische Existenz Echnatons unzweifelhaft ist, weil er trotz der *damnatio memoriae* in der Geschichtsschreibung Ägyptens sowie in seinen Bauten in Amarna und anderen Orten sichtbare Zeugnisse hinterlassen hat, ist die geschichtliche Existenz und Identität Moses weitgehend ungeklärt. Moses Existenz ergibt sich nur in und aus der Bibel, insbesondere aus der Exodusgeschichte. Hinsichtlich deren Historizität und Glaubwürdigkeit sind von Religionswissenschaftlern, Historikern und Archäologen Zweifel angemeldet worden: Diese haben zum Ergebnis, dass sich nach den heutigen wissenschaftlichen Erkenntnissen die Historizität Moses nicht nachweisen lässt. Moses kann insoweit nur als eine Figur der Überlieferung, von Sage oder Legende angesehen werden oder nach den Worten Assmanns, als „Erinnerungsfigur“.[134]

Außerdem tritt beim biblischen Moses, anders als bei Echnaton, dem es ausschließlich um die Verehrung seines einzigen Gottes Aton ging, der politische Aspekt stärker in den Vordergrund. Moses war ein politischer Führer und Volksgründer, bei dem die politische Theologie im Vordergrund stand.[135]

4.1. Die Mosesgeschichte

Moses ist im Alten Testament eng mit dem Exodus, dem Auszug der Israeliten aus Ägypten, der Gesetzgebung während der Wüstenwanderung und

dem Aufenthalt der Israeliten in Kadesch-Barnea verbunden. Der Pentateuch, die Fünf Bücher Moses, welche im Buch Exodus die Geschichte Moses beinhalten, besteht nach der traditionellen Urkundenhypothese aus verschiedenen Überlieferungsgeschichten, die vorwiegend zwischen dem 10. und 6. Jahrhundert v. Chr. datiert werden.
Die Lebensgeschichte Moses wird im Exodus erzählt. Danach sollen die Eltern Moses dem Stamm Levi angehört haben. Als Vater wird Amram genannt, Jochebed als Mutter sowie Aron und Mirjam als sein Bruder und seine Schwester. Moses wurde in Ägypten geboren, wunderbar vor dem Tode errettet und anschließend am Königshof aufgezogen.
Nach seiner Geburt wurde Moses drei Monate lang versteckt. Den Grund gibt die Bibel selbst an: „Schließlich befahl der Pharao Ramses II. seinem ganzen Volk: Werft die neugeborenen Knaben alle in den Nil, die Mädchen aber lasst am leben." (Ex. 1,22) Nach diesen drei Monaten setzte seine Mutter Moses in einem Kästchen aus Papyrusschilf am Nilufer aus: „Da die Mutter ihn nicht länger versteckt halten konnte, nahm sie für ihn ein Kästchen aus Papyrusschilf. Mit Asphalt und Pech machte sie es dicht, legte den Knaben hinein und setzte es in das Schilf am Nilufer. Seine Schwester hielt sich in einiger Entfernung auf, um zu sehen, was mit ihm geschehe." (Ex. 2,4) Die Geburtsgeschichte Moses knüpft damit an die Kindheitsgeschichten anderer Helden- und Königskinder in der Antike an, z.B. die Kindheitsgeschichten Romulus und Remus, Oedipus, Sargon von Akkad und Kyros II. Antike Helden galten aufgrund von antiken Sagen vielmals als Kind vornehmer Eltern, zumeist als Königssöhne. Die Aussetzung des Kindes steht in diesen Geschichten häufig mit einem kultischen Vergehen oder mit einem Unheilsorakel in Verbindung. Bereits während der Schwangerschaft erfolgte durch einen Traum oder ein Orakel die Ankündigung, dass dem Vater durch die Geburt des Kindes Gefahr drohe. Um diese Gefahr zu bannen, wird das neugeborene Kind durch den Vater oder eine andere ihm nahestehende Person zur Tötung oder Aussetzung bestimmt. Dabei wird es in vielen Fällen in einem Kästchen dem Wasser übergeben. Es wird dann gerettet, vielfach auch von Tieren (in Rom durch eine Wölfin) oder durch einfache Menschen, z.B. Hirten, oder von einem weiblichen Tier oder einer Frau gesäugt. Als Heranwachsender findet er seine Eltern wieder und wird, nachdem er sich an seinem Vater gerächt hat, zu einem Helden. Im Fall des Moses steht die Aussetzung in enger Verbindung mit der Anordnung des ägyptischen Pharaos alle männlichen Kinder der Israeliten töten zu lassen (Ex. 1,15f); dabei fiel der eige-

nen Tochter des Pharaos die Rolle als Retterin zu. Die größten Parallelen weist die Mosesgeschichte jedoch mit der Kindheitsgeschichte des Sargon von Akkad auf, so dass von mehreren Exegeten angenommen wurde, dass diese Geschichte aus neuassyrischen Texten aus dem 8. Jahrhundert v. Chr. den Verfassern der Exodusgeschichte als Vorlage für die Mosesgeschichte diente. Parallelen zwischen den Geschichten bestehen vor allem darin, dass in beiden Geschichten das Kind in einem wasserdichten Rohrkästchen im Fluss ausgesetzt und es nach der Errettung vom Finder adoptiert wurde.

In der Geschichte Sargons heißt es: „Meine Mutter, eine Hohepriesterin, wurde mit mir schwanger. Insgeheim gebar sie mich. Sie legte mich in ein Schilfkästchen. Mit Bitumen dichtete sie meine Behausung ab. Sie setzte mich am Fluss aus, der mich nicht überspülte. Akki, der Wasserschöpfer, zog mich heraus, als er seinen Wassereimer eintauchte. Akki, der Wasserschöpfer, zog mich als Adoptivkind groß.“[136] In der Mosegeschichte wurde aus dem Euphrat der Nil, aus der Göttin Ischtar wurde die ägyptische Königstochter. Gelegentlich wurde die Geschichte um die Geburt Moses mit der ägyptischen Horuslegende in Zusammenhang gebracht, wonach Horus durch seine Mutter Isis in den Nilsümpfen vor den Nachstellungen durch ihren Bruder und Mörder ihres Ehegatten Osiris versteckt wurde. Der Name „Moses“ war wahrscheinlich ägyptischen Ursprungs und leitet sich, worauf auch Sigmund Freud in seinem Spätwerk „Der Mann Moses und die monotheistische Religion“ hinweist,[137] entweder von dem Ägyptischen „msj“ („gebären“, „geboren werden“) oder einfach von „Kind“ oder „msh“ („ziehen“ „aus dem Wasser ziehen“) ab. Namen, die mit „msi“ zusammengesetzt sind, waren im Altägyptischen häufig, so z.B. in Thutmosis („Thot hat ihn geboren“) oder Ra-msj („Ra hat ihn geboren“). Gegen eine Ableitung aus dem Hebräischen von „Mosche“ im Sinne von Herausziehen spricht, dass eine ägyptische Prinzessin dem Kind wohl eher einen ägyptischen Namen gegeben hätte als einen hebräischen, zumal sie zum Zeit des Auffindens nichts über eine mögliche hebräische Abstammung des Findelkindes wissen konnte. Leitet man „Moses“ von dem altägyptischen Namen „msj“ für Kind ab, so dürfte es sich meines Erachtens um einen reinen Kunstnamen handeln.

Keiner würde sein Kind einfach Kind nennen, so wie man einen Hund nicht einfach Hund oder eine Katze nicht einfach Katze nennen würde. Die Personennamen im Alten Ägypten hatten immer auch eine programmatische Bedeutung, wie z.B. „Ramses“ für „Ra ist geboren“ oder auch

„Kind des Re“. Der Name Moses taucht in der ägyptischen Aussetzungs- und Vertreibungsgeschichte Manethos an Stelle des Osarsiph auf. Manetho ersetzt den Namen Osarsiph durch einen von ihm erfundenen Kunstnamen Msi oder Moses. In ihrem weiteren Verlauf schildert die Mosesgeschichte die historische und soziale Situation Ägyptens während des Neuen Reiches. Moses erkannte als Heranwachsender die Lage seiner Fronarbeit leistenden Landsleute. Die Exodusgeschichte beginnt (Ex. 2,11-22) mit der Flucht Moses nach Midian. Auslöser für diese Flucht war die Tötung eines ägyptischen Aufsehers, nachdem dieser einen Hebräer erschlagen hatte. Bei dem Versuch die Leiche im Sand zu verscharren wird er beobachtet. Moses flieht nach Midian, in den Süden der arabischen Halbinsel. Dort errettete er die Tochter eines Priesters aus lebensgefährlichen Umständen. Aus Dankbarkeit gab der Priester ihm eine seiner Töchter Zippora („das Vögelchen“) zur Frau. Danach offenbarte sich Jahwe, Gott ihm in einem brennenden Dornbusch am Berg Horeb (Berg Gottes, Ex. 3,1-4,17) Er gab sich als Gott Abrahams, Isaaks und Jakobs zu erkennen und forderte Moses auf, das Volk Israel aus der Knechtschaft der Ägypter zu befreien. Moses kehrte nach Ägypten zurück versammelte die Ältesten Israels um sich und verkündete den Auftrag Jahwes, die Befreiung der Israeliten aus Ägypten und ihren Auszug in das Land der Kanaaniter (Ex. 3,16f). Moses trat als erster auf, der die Existenz seines Gottes Jahwe erfuhr und dem von ihm auserwählten Volk der Israeliten in Ägypten verkündete. Vorher kannte keiner Jahwe, weil Jahwe nie seinen Namen genannt hatte. Das Motiv der Exodusgeschichte von der Flucht Moses aus und seiner Rückkehr nach Ägypten hat Parallelen in den Biographien etlicher antiker Herrscherpersönlichkeiten wie z.B. Hattusili, Assurhaddon, Nabonid oder auch in der ägyptischen Sinuhegeschichte, der Geschichte von der Flucht des Ägypters Sinuhe, seines Aufenthaltes in Arabien bei Beduinen, der Heirat mit einer Tochter des Beduinenhäuptlings und seiner anschließenden Rückkehr nach Ägypten.

Wie Sinuhe wandte sich Moses daraufhin nach Osten und ließ sich im Lande Midian, östlich vom Akaba Golf, nieder. Inzwischen war der Pharao Ramses II. gestorben, nachdem er ein Alter von nahezu neunzig Jahren erreicht hatte. „Noch immer seufzten die Israeliten unter dem Frondienst und riefen laut um Hilfe. Ihre Hilfeschreie stiegen zu Gott empor, und Gott erbarmte sich seines Volkes“ (Ex. 2,23-25). Da erschien Jahwe Moses im brennenden Dornbusch und befahl ihm, den Pharao um Freilassung seiner Landsleute zu bitten. „So geh nun! Ich sende dich zum Pharao. Führe mein Volk, die Israeliten aus Ägypten.“ (Ex. 3,10) Der Pharao lehnte jedoch die Bitte Mose ab: „Wer ist der Herr, dass ich ihm gehorchen und Israel ziehen lassen soll? Ich kenne den Herrn nicht und will Israel auch nicht entlassen.“ (Ex. 5,1ff)

Es folgt die Geschichte vom Auszug aus Ägypten nach der Weigerung des Pharaos die Israeliten ziehen zu lassen, beginnend mit den von Jahwe über Ägypten gesendeten Plagen, dem Tod aller ägyptischen Erstgeborenen (Ex. 7,14-11,29), dem Feiern des Passafestes (Ex. 12,43-13,16), dem Meereswunder im Schilfmeer (Ex. 14), der anschließenden Wüstenwanderung, der Einsetzung Moses über die Stämme Israels (Ex. 18,13-27) dem Bundesschluss am Berg Sinai mit der Erteilung der Zehn Gebote (Ex. 24 und 20,1-21). Danach folgte der Rückfall der Isreliten in den Götzendienst mit der Geschichte des goldenen Kalbs (Ex. 32,1-6; 15-29), ca. 3000 abtrünnige Israeliten wurden getötet.

Die Ablehnung des Pharaos verwundert nicht, wenn man bedenkt, dass die Israeliten als billige Arbeitskräfte für den Pharao unentbehrlich waren. Selbst das Beglaubigungswunder, in welchem sich der von Aron hingeworfene Stab in eine Schlange verwandelte und die Schlange anschließend die ebenfalls in Schlangen verwandelten Zauberstäbe der anwesenden ägyptischen Zauberkünstler verschlang, vermochte den Pharao nicht umzustimmen. Erst nachdem Gott durch Mose nacheinander zehn schwere Plagen über Ägypten geschickt hatte, willigte der Pharao in den Auszug ein. Die von Jahwe gesandten Plagen sind zwar aus den uns vorliegenden ägyptischen Quellen historisch nicht belegbar. Andererseits sind sie mit Ausnahme der zehnten Plage, der Tötung der Erstgeborenen für Ägypten nicht untypisch. Die erste Plage, welche alles Wasser in Ägypten in Blut verwandelte, konnten die Ägypter alljährlich bei Beginn der Nilüberschwemmung beobachten. Dann war der Nil durch die aus Äthiopien mitgeführten Mineralstoffe rot gefärbt. Es handelte sich dabei um mineralreiche Sinkstoffe aus den äthiopischen Seen, die ihr Wasser in den Nil einführten. Die Rotfärbung des Nilwassers und des Landes wurde vom Mythos von der Himmelskuh oder der Vernichtung der Menschheit mythisch damit erklärt, dass die Göttin Hathor-Sachmet auf Befehl des alternden Sonnengottes Re die sich gegen ihn erhebenden Menschen abgeschlachtet und Nil und Land mit ihrem Blut rot gefärbt hatte. Eine in Ägypten häufig zu beobachtende Naturerscheinung, der Einfall von Schädlingen, Fröschen, Stechmücken und Fliegen, war Gegenstand der nächsten Plage. Insbesondere zur Zeit der Überschwemmung vermehrten sich diese

Schädlinge so stark, dass sie zu echten Landplagen wurden. Gefürchtet wurden von den Ägyptern auch die ansteckenden schweren Krankheiten, wie die Pest bei ihrem Vieh oder die sowohl auf Mensch oder Tier übertragbare Beulenpest. Gewaltige Hagelschläge, welche Felder vernichteten, wurden dagegen in Ägypten selten beobachtet. Häufig wurden jedoch die Felder von Heuschrecken heimgesucht und kahlgefressen.
Die neunte Plage, eine dreitägige Finsternis, unterband jeden Verkehr. Dabei handelte es sich möglicherweise um einen Sandsturm von mehrtägiger Dauer. Derartige Sandstürme wirbeln ungeheure Sandmengen auf, die selbst tagsüber die Sonne verdunkeln und Finsternis herbeiführen können. Nach jeder Plage war der Pharao bereit, die Israeliten ziehen zu lassen. Doch sobald die Plage vorüber war, änderte er wieder seinen Sinn. Danach kündigte Mose dem Pharao die zehnte und schwerste Plage an, die seinen Widerstand endgültig brechen sollte, die Tötung jeder männlichen Erstgeburt in Ägypten. Der älteste Sohn war für die Ägypter der legitime Nachfolger des Familienoberhauptes, in dem dieses nach seinem Tod weiterlebte. Er war somit Garant für die weitere Aufrechterhaltung der Familiengemeinschaft. Soweit ein Erblasser keine letztwillige Verfügung getroffen hatte, scheint sein ältester Sohn ohne Weiteres in den Nachlass eingerückt zu sein. Dafür war der älteste Sohn verpflichtet, für ein standesgemäßes Begräbnis seines Vaters und für das Erbringen der Totenopfer zu sorgen, um hierdurch die Erinnerung an den Vater aufrechtzuerhalten und ihm ein Weiterleben im Jenseits zu ermöglichen.
Damit die Israeliten nicht selbst Opfer dieser letzten Plage wurden, sollten sie die Weisungen Moses befolgen. Hierzu berief Mose alle israelitischen Ältesten zu sich und gab ihnen folgenden Befehl:

„Gehet, holt eure Schafe für eure Familien und schlachtet das Paschalamm! Nehmt ein Ysopbüschel, taucht ihn in das Blut der Schale und streicht etwas von dem Blut in der Schale an die Oberschwelle und an die beiden Türpfosten. Niemand von euch darf bis zum Morgen zur Türe seines Hauses hinausgehen. Wenn dann der Herr vorbeizieht, um Ägypten zu schlagen und das Blut an der Oberschwelle und an den beiden Türpfosten sieht, wird der Herr an der Türe vorbeigehen und dem Würgeengel nicht gestatten in eure Häuser einzutreten, um Verderben anzurichten.“ (Ex. 12,21f) Das Blut hat hier offensichtlich Schutzfunktion, eine Wirkung, die uns aus der altägyptischen Magie nicht unbekannt ist. Um Mitternacht erfolgte dann das Strafgericht Gottes über die Ägypter: „Um Mitternacht begab es sich, dass der Herr alle Erstgeburt in Ägypten schlug, von des Pharaos Erstgeborenen, der ihm auf dem Thron folgen sollte, bis zum Erstgeborenen des Gefangenen, der im Kerker lag, desgleichen alle Erstgeburt des Viehs." (Ex. 12,29f)

Der Schmerz des Pharaos über den Verlust seines Sohnes scheint so groß gewesen zu sein, dass er Mose und Aron noch in derselben Nacht rufen ließ und ihnen sagte: „Macht euch auf, zieht fort von meinem Volk, ihr und die Israeliten! Geht, dient dem Herrn, wie ihr gebeten habt. Auch eure Schafe und Rinder nehmt mit, wie ihr verlangt habt." (Ex. 12,32f)

Die Israeliten zogen nach dem Bericht der Bibel nicht über die Philisterstraße, die scharf bewacht war, sondern durch das Wadi Tumilat, und bogen dann in Richtung auf das Schilfmeer ab. Dieser Weg war günstiger, nachdem der Pharao seine Entscheidung rückgängig gemacht hatte, als die militärisch besonders gesicherte und mit Wachtürmen überzogene Handelsstraße entlang der Mittelmeerküste.

Der Pharao, der seine Entscheidung bereute, ließ nach dem Bericht der Bibel sechshundert Wagen anspannen und jagte mit seinen besten Kriegern den Israeliten nach. Die Ägypter erreichten die Israeliten, als sie am Meer lagerten. Über die geographische Lage dieses Meeres, das einmal als Rotes Meer, ein anderes Mal als Schilfmeer bezeichnet wird, besteht weitgehend Uneinigkeit. Das einstige Schilfmeer lag nördlich vom Roten Meer. Zur Zeit der Ramessidenkönige bestand hier eine Verbindung vom Golf von Suez bis zu den Bitterseen. Diese Wasserverbindung konnte an mehreren Stellen durch Furten passiert werden, an deren Ufer Schilf wuchs. Durch eine dieser Furten könnten die Israeliten vor den Ägyptern geflohen sein. Die Flucht könnte jedoch auch durch den nördlichen Teil des Golfs von Suez erfolgt sein. Dort können an der Nordspitze des Golfs von Suez Nordwestwinde die Wassermassen derart zurücktreiben, dass man das Meer an dieser Stelle zu Fuß durchqueren kann. Eine solche Naturerscheinung könnte die Bibel gemeint haben, wenn sie berichtet:

„Mose streckte nun seine Hand über das Meer aus. Da ließ der Herr die ganze Nacht hindurch das Meer vor einem starken Ostwind zurückweichen und legte das Meer trocken, und die Wasser teilten sich. Die Israeliten schritten trockenen Fußes mitten durch das Meer, während die Wasser wie eine Mauer zu ihrer Rechten und Linken dastanden. Die Ägypter aber setzten ihnen nach, und alle Rosse des Pharao, seine Wagen und Gespanne, zogen hinter ihnen her, mitten ins Meer hinein. [...] Als Mose seine Hand wieder über das Meer ausstreckte, flutete das Meer bei Tagesan-

bruch in sein altes Bett zurück, während die Ägypter ihm entgegenflohen. So trieb Gott die Ägypter mitten ins Meer hinein. Die Wasser fluteten zurück und bedeckten die Wagen und die Gespanne der ganzen Heeresmacht des Pharao, die hinter ihnen ins Meer gekommen waren. Nicht ein einziger von ihnen kam mit dem Leben davon.“ (Ex. 14,27f)
Es folgen die Geschichten vom Aufenthalt der Israeliten auf dem Sinai, der Übergabe der Zehn Gebote und des Rückfalls des Volkes in alte Gewohnheiten, der Anbetung eines goldenen Kalbes.
Moses selbst erreichte nicht mehr das ihm von Jahwe versprochene Gelobte Land. Er soll nach der Erzählung des Deuteronomiums im Alter von 120 Jahren auf dem Berg Nebo im Ostjordanland gestorben sein, nachdem er von diesem Berg das den Israeliten versprochene gelobte Land erblickt hatte. Anschließend soll er gegenüber Bet-Pegor an einem unbekannten Ort beigesetzt worden sein. Der Theologe und Archäologe Sellin stellte anfangs des 20. Jahrhunderts sogar die These auf, Moses sei als Märtyrer von den Israeliten getötet worden. Er stützt dabei seine These vom Märtyrertod des Moses auf eine Reihe von Anspielungen aus den Büchern der Propheten, insbesondere Hosea (5,1, 9,7-14 und 12,14-13,1). Dort wird unter anderem von der Tötung eines Mannes gesprochen, welcher sich in sein Zelt zusammen mit der Midianiterin begeben hatte. In diesem Mann erkennt Sellin Moses, der als Schuldopfer für die Sünden seines Volkes getötet wurde.[138] Dieser Gedanke ist später auch von Sigmund Freud[139] und Rene Girard verbreitet worden. Und selbst J.W. Goethe ging in seiner Abhandlung über Israel in der Wüste davon aus, dass Moses von Josua und Kaleb gemeinsam ermordet wurde.

4.2. Moses und Entstehung des jüdischen Monotheismus[140]

Der jüdische Monotheismus ist nach neuesten Forschungen erst ab dem 6. Jahrhundert mit der Reform Joschias v. Chr. entstanden, welche den Charakter eines revolutionären Umsturzes hatte. Vorher verehrten die Juden ihren Jahwe genannten Gott als einen eigenen Stammesgott, als einen in Jerusalem beheimateten Lokalgott. Dieser genoss monolatrische Verehrung neben Gottheiten anderer Stämme oder Völker. Mit wachsender Bedeutung des israelitischen Reiches und der Hauptstadt Jerusalems insbesondere zu Zeiten der Könige David und Salomo wuchs auch die Bedeutung ihres Gottes Jahwe. Ihm wurden in dieser Zeit immer neue Funktionen zugeschrieben bis zum König eines göttlichen Pantheons bei Jesaja 6.

Die Bedeutung Jahwes für die Israeliten wuchs weiterhin insbesondere in der Zeit ihres babylonischen Exils und nach der Zerstörung Jerusalems und des Jahwe-Tempels. Jahwe wurde für die Israeliten zum einzigen und allmächtigen Gott. Die Zerstörung des Tempels soll nach der Darstellung von israelitischen Priestern Jahwe selbst veranlasst haben, um die Israeliten für ihre Abwendung von ihm zu bestrafen.
Im Unterschied zu Echnaton ging es im jüdischen Monotheismus nicht um eine neue Kosmologie, sondern in erster Linie um eine neue politische Ordnung, um Gesetzgebung, Verfassung, Bündnis und Bindung. Der jüdische Monotheismus war damit ein Monotheismus der Bindung und damit ein politischer Monotheismus.[141]

4.3. Erwähnung Moses in anderen antiken Quellen und im Islam[142]

In der Aussätzigen- und Vertreibungsgeschichte Manethos sowie in anderen Werken hellenistischer Geschichtsschreiber wurde Moses als altägyptischer Priester aus Heliopolis erwähnt. Dabei wird er jeweils als Ägypter dargestellt, der die von Aussatz oder Pest befallenden Juden aus Ägypten in das Land Kanaan führt. In diesen Werken wird die neue Religion Moses zumeist als gottlos und Umkehrung der wahren, richtigen Religion verleumdet. In Pompeius Trogus' „Historiae Philippicae" wurde Moses als Sohn des Josefs und als Dieb von ägyptischen Kultobjekten bezeichnet, nach Tacitus war er einfach ein Vertriebener. Zumeist wurde Moses von den antiken Autoren als Ägypter angesehen. Die Figur und Rolle des Moses und dessen Historizität, seine Rolle bei der Entstehung Israels und seiner Religion hat seit der Antike bis in die Neuzeit viele Wissenschaftler und Literaten beschäftigt. In der älteren Forschung wird Moses überwiegend als Volks- und Religionsgründer sowie als Gesetzgeber aufgefasst.
Nach einer Hypothese des Ägyptologen R. Krauss[143] soll die biblische Mosesgeschichte nach dem Vorbild der Geschichte von Amun-Masesa um 500 v. Chr. verfasst worden sein. Amun Masesa war ein Sohn des Pharaos Merenptah und lebte im 13. Jahrhundert v. Chr. Er hatte für seinen Vater einen Krieg gegen Aufständische geführt.
Auswirkungen hat die Figur des biblischen Moses bis in den heutigen Islam. Dort ist Moses ist neben Abraham, Isa Bin Maryam und Mohammed ein bedeutender Prophet Allahs. Nach dem Koran (Sure 2,53 und Sure 28,43) soll er von Allah ein Buch empfangen haben. Einer Legende zufol-

ge ist der Stock des Moses nach der Eroberung von Mekka durch die Türken in der dortigen Kaaba gefunden worden. Die biblischen Episoden der Mosesgeschichte und der Exodus sind im Koran wiederholt erwähnt, so z.B. in der Sure 2, 49-71, in Erzählungen und Anekdoten, die auf die Gesetzgebung, auf den Bundesschluss am Sinai und auf die Ungehorsamkeit der Israeliten anspielen. Die Sure 5, 20-26 berichtet von dem Misstrauen der Israeliten Moses und seinem Gott gegenüber und von der Bestrafung der Israeliten. In den Suren 20 und 28 (3-35) befinden sich die Erzählungen von der Geburt Moses (39-40), von seiner Flucht nach Midian (40) und von der Offenbarung Gottes und der Aussendung Mose (9-37; 42-48). Die Sure 7 (133-135) berichtet von den über Ägypten gesandten Plagen, nicht jedoch vom Tod der Erstgeborenen. Häufig erwähnt werden im Koran Konfrontationen Moses mit den ägyptischen Magiern sowie von der Bestrafung des Pharaos und der Ägypter durch das Wunder vom Schilfmeer (Sure 7,103-136; 10,75-92; 20,57-79; 28,36-40; 43,46-56).
Von den übrigen Episoden der Wüstenwanderung enthält der Koran die Wunder von Manna und den Wachteln (Sure 2,57), das Wasserwunder (2,60) und den Rückfall der Israeliten in den Götzendienst in Zusammenhang mit der Begegnung Moses mit Gott (Sure 7,138-156; 20,83-98).
Ein wichtiges Werk über Moses und sein Verhältnis zu Echnaton ist das im Jahre 1939 erschienene Spätwerk Sigmund Freuds „Der Mann Moses und die monotheistische Religion".

4.4. Sigmund Freud *Der Mann Moses und die monotheistische Religion*[144]

Es gibt eine Reihe von Werken, die sich mit den monotheistischen Zusammenhängen und Verbindungen der beiden antiken Religionsstifter Echnaton und Moses beschäftigen. Eines der berühmtesten ist das von Sigmund Freud, dem Begründer der Psychoanalyse im Jahre 1939 in seinem Londoner Exil veröffentlichten Werk „Der Mann Moses und die monotheistische Religion." Er schrieb dieses Buch unter akuter Lebensbedrohung im Schatten der Naziverfolgung. Es enthält eine Darstellung des Monotheismus, eine Reflexion über die Gestalt des Moses und seines Wirkens sowie eine Untersuchung über die Ursachen des Antisemitismus. Zu Anfang stellt sich Freud die Kardinalfrage, ob Moses eine historische Persönlichkeit oder eine Schöpfung der Sage oder Dichtung ist.[145] Freud geht dabei unter Berufung auf die überwiegende Mehrheit der Historiker davon aus, dass Moses wirklich gelebt und der an ihn geknüpfte Auszug aus Ägypten in der Tat stattgefunden hat. Er verweist zur Begründung darauf hin, dass die spätere Geschichte des Volkes Israel unverständlich wäre, wenn man diese Voraussetzung nicht zugeben würde. Dabei gesteht er ein, dass die letzte Sicherheit letztlich fehlt. Freud verweist zunächst daraufhin, dass der Name Moses ägyptischen Ursprungs ist. Daraus folgert er, dass Moses ein Ägypter von vornehmer Abkunft gewesen ist. Er beruft sich insoweit auf den amerikanischen Ägyptologen James Henry Breasted,[146] der den Namen von „Msi" („Kind") oder geboren werden ableitet. Aus dem ägyptischen Namen schließt Freud auf die Volkszugehörigkeit Ägypter. Auch der Umstand, dass Moses den Juden das Gebot der Beschneidung gab, weist ihn nach Ansicht von Freud[147] als Ägypter aus. Die Aussetzung des Moses in einem Kästchen deutet Freud als eine Darstellung der Geburt, das Kästchen als Mutterleib, das Wasser als Geburtswasser. Zugleich wirft er mit seiner These, Moses sei Ägypter die Frage auf, ob sich ein Ägypter vornehmer Abstammung an die Spitze eines eingewanderten, kulturell rückständigen Volkes setzen würde und für sie gleichzeitig eine neue Religion schafft, die der eigenen ägyptischen Religion wesensfremd war. Freud löst dieses Problem unter Hinweis darauf, dass es sich bei der ägyptischen Religion nicht um die traditionelle ägyptische Religion mit vielen verschiedenartigen Gottheiten handelte, sondern um die monotheistische von den Ägyptern als ketzerisch verfemten Aton-Religion Echnatons. Dieser brachte den Ägyptern mit seiner monotheistischen Religion etwas völlig Neues.

Freud[148] kommt zu dem Schluss: „Wenn Moses Ägypter war und wenn er den Juden seine eigene Religion übermittelte, so war es die des Echnaton, die Atonreligion."[149] Mit der jüdischen Religion hat die Aton-Religion gemein, dass sie beide vom Jenseits und vom Leben nach dem Tod nichts wissen wollen. Aus Ägypten ist nach Ansicht Freuds auch die Sitte der Beschneidung übernommen worden. Seiner Ansicht nach soll auch der Exodus, der Auszug aus Ägypten, nach dem Tod des Echnatons in der Zeit zwischen 1358 und 1350 stattgefunden haben. Mit dem Tod Echnatons und dem Sturz der offiziellen Aton-Religion ist die monotheistische Strömung der Atonreligion nicht zu Ende gebracht worden. Sie lebte weiter in der Priesterschule in On, Heliopolis, im Kult des Sonnengottes Re. Für Freud[150] kann Moses ein Anhänger oder Mitglied der Schule von On gewesen sein. In ihm lebte die Aton-Religion weiter. Da er infolge seines Festhaltens an dem Atonglauben in Ägypten geächtet war, suchte er sich

in den Juden, die im Ostdelta als Unterdrückte lebten ein Volk, an dem er seine Ideale zu realisieren versuchte. Er verließ mit ihnen Ägypten, heiligte sie durch das Zeichen der Beschneidung, gab ihnen Gesetze und eine neue monotheistische Religion, die der Aton-Religion gleichkam.[151]
Nach Freud wurde Moses vor Erreichung des Gelobten Landes von den Israeliten getötet und seine Lehre verworfen. Mit dem Mord an Moses wurde ein frühes Menschheitstrauma, die Vatertötung reaktiviert. Nach Verleugnung und Verdrängung dieser Tat lebten Moses und seine Lehre jedoch im Unbewussten weiter, bis sie nach einer Jahrhunderte dauernden Latenz in Form des Jahweglaubens wieder auftauchten und sich bis in unsere heutige Zeit durchsetzen konnten. Obwohl für Freud Moses eine historische Persönlichkeit war und seine These, Moses sei ein Anhänger Echnatons und seines Aton-Kultes, eine Reihe ungeklärter Fragen aufwirft, kommt er letztlich zu einem richtigen Ergebnis. Zwischen Echnaton und Moses, zwischen dem Aton-Kult und dem mosaischen Glauben, beide monotheistische Glaubensrichtungen ergeben sich enge Zusammenhänge, die darauf beruhen, dass der Aton-Kult in der Geschichte um Moses und dem Exodus offenbar infolge Übernahme von ägyptischem Quellenmaterial durch die Verfasser der Exodusgeschichte weiterlebte.

4.5. Moses in der heutigen christlichen und jüdischen Theologie[152]

Die Historizität von Moses und seines Auszuges aus Ägypten wird von modernen Theologen und Historikern teilweise sehr unterschiedlich bewertet. Während die Historizität Moses und der 5. Bücher Moses von orthodoxen Juden nicht in Zweifel gezogen werden, wird von anderen Wissenschaftlern, insbesondere von modernen israelischen Archäologen Moses als historische Person sowie seine Autorenschaft der ihm zugeschriebenen Fünf Bücher Moses schlechthin negiert. Für diesen Personenkreis, zu dem neben Wissenschaftlern auch liberale und gemäßigte Christen und Juden gehören, ist Moses in erster Linie eine Symbol- oder Erinnerungsfigur, aus der sie Kraft für ihren Glauben schöpfen. Verdienst dieser Erinnerungsfigur Moses war es, die Israeliten und das jüdische Volk zu einer Einheit zu formen und ihnen damit den Weg zum wahren Gottesglauben zu weisen.

4.6. Die Historizität der Exodusgeschichte

Quellen des Pentateuch und der Exodusgeschichte[153]

Die Fünf Bücher Moses, auch Tora oder Pentateuch genannt, das sind Genesis, Exodus, Levitikus, Numeri und Deutereronomium, bilden eine Einheit. Sie werden von den Juden Tora genannt, weil sie das Gesetz enthalten, das Moses auf dem Sinai von Gott für Israel empfangen hat und die Grundlage für den Bund bildet, den Gott mit den Israeliten eingegangen war. Die fünf Buchrollen wurden in den Synagogen in einem Behälter, dem Pentateuch (Fünfrollen-Behälter), aufbewahrt. An den Sabbaten sowie an den jüdischen Hochfesten wurden die fünf Bücher in der Synagoge gelesen, fortlaufend in einer einjährigen oder dreijährigen Leseordnung. Die Lesung ist bis heute wesentlicher Bestandteil des jüdischen Gottesdienstes. Nach alter jüdischer und christlicher Tradition soll Moses selbst die Tora geschrieben haben. So hielten es jüdische und christliche Autoritäten lange Zeit und vielfach auch noch heute für unzweifelhaft, dass Moses die fünf Bücher Moses eigenhändig wie im Buch Deuteronomium geschildert kurz vor seinem Tod auf dem Berg Nebo geschrieben hat.
Die ersten Zweifel an der Autorenschaft Moses wurden im 17. Jahrhundert geäußert, nachdem bemerkt worden war, dass das letzte Buch Deuterenomium sehr ausführlich und genau Zeit und Umstände von Moses Tod beschreibt. Außerdem war aufgefallen, dass in den Fünf Büchern Moses die alten Namen bestimmter Orte erklärt wurden, die Zeugnis ablegen für bekannte biblische Ereignisse, die bis heute sichtbar seien. Hieraus schlossen einige kritische Gelehrte, dass die Bibel von unbekannten Bearbeitern umgeformt und ausgeschmückt worden sei. Dies führte zur Vermutung, dass der Pentateuch nicht das Werk Moses, sondern späterer Verfasser war. Die moderne Bibelwissenschaft vertritt heute aufgrund von zeitgeschichtlichen und literarischen Unstimmigkeiten, von Unterschieden in den Gottesnamen, im Wortschatz, im Stil, von verschiedenen Theologien und von anderen Merkmalen die Auffassung, dass die fünf Bücher Moses eine große, aus mehreren literarischen Schichten bestehende Sammlung von Überlieferungen ist, die in ihrem Kern bis auf die Zeit des Moses im 13. Jahrhundert v. Chr. zurückgehen. So existieren allein in den Berichten über die Wanderung der Erzväter, dem Auszug aus Ägypten und der Gesetzgebung am Berg Sinai Dutzende von Doppel- bzw. Dreierversionen.
Insoweit unterscheidet die heutige Bibelwissenschaft bei den ersten vier Büchern Moses drei Hauptschichten, die jahwistische Schicht (J), erkenn-

bar an der Vorliebe für den Gottesnamen Jahwe; sie wurde um 900 v. Chr. als Werk eines großen Geschichtsschreibers und Theologen in Jerusalem zur Zeit des Königs Salomo als Perspektive des Südreichs Juda niedergeschrieben, die elohistische Schicht E, welche überwiegend den Gottesnamen Elohim für Gott verwendet und von 930-720 v. Chr. im Norden als Perspektive Israels niedergeschrieben wurde. Die dritte Variante, die Priesterschrift (P) wurde im babylonischen Exil um 550 v. Chr. von Priestern niedergeschrieben, die insbesondere an gottesdienstlichen Ordnungen, am Kult und an den Reinheits- und Opfervorschriften interessiert waren. Das Deuteronomium, das 5. Buch Moses, stellt einen eigenen Überlieferungskomplex dar. Die Bibel besteht insgesamt aus 39, ursprünglich jeweils einem Thema oder einem Verfasser zugeteilten Büchern oder richtete sich bei längeren Büchern wie dem 1. und 2. Buch Samuel, dem 1. und 2. Buch der Könige und dem 1. und 2. Buch der Chronik nach der genormten Länge einer Schriftrolle aus Pergament oder Papyrus. Sie sind das Ergebnis eines fortdauernden literarischen Prozesses, der sich über Hunderte von Jahren erstreckte und deren größter Teil wahrscheinlich erst vom 5. bis 2. Jahrhundert v. Chr., in persischer und hellenistischer Zeit, entstanden ist. In die einzelnen Bücher des Pentateuch wurden Überlieferungen eingearbeitet, welche auf mündlich umlaufende oder schriftliche vorliegende Traditionen verschiedenen Alters zurückgingen; außerdem finden sich Einarbeitungen von Erzählungen und lokalen Geschichten über Personen oder Ereignisse, die für das Werden und die Geschichte Israels wichtig waren, darüber hinaus Lieder, Stammbäume, Listen von Orten sowie Gesetzessammlungen verschiedener Art. Am Ende hat ein letzter Bearbeiter nach dem babylonischen Exil alle ihm vorliegenden mündlichen und schriftlichen Traditionen zu den uns in der heutigen Form bekannten 5 Büchern Moses zusammengefasst und ihm die heutige Gestalt verliehen. Damit war der Pentateuch, ein Mosaik, das aus verschiedensten Quellen zusammengesetzt war, die jeweils zu verschiedenen Zeiten und unter unterschiedlichen historischen Umständen verfasst worden sind, um damit verschiedene religiöse und politische Ansichten auszudrücken. Durch die Übernahme von Sagen und Legenden in Form von symbolischen, nicht historischen Erzählungen in den Pentateuch konstruierte oder rekonstruierte sich Juda bzw. Israel eine Vergangenheit, die ihren gegenwärtigen politischen Zielen und Problemen Sinn und Perspektive gab. Die Geschichte des Auszuges der Israeliten aus Ägypten und ihre wunderbare Errettung am Meer waren von grundlegender Bedeutung für den Jahweglauben der Israeliten. Der Sieg Jahwes über die Ägypter, das damals mächtigste Volk der antiken Welt, wird als ein historisches Ereignis geschildert, die Errettung der Israeliten am Meer zeigt die Herrschaft Jahwes über die Kräfte der Natur. Dieses Meereswunder wird von den drei Quellen in Einzelheiten unterschiedlich geschildert. Nach der Darstellung des Jahwisten trat eine Wolken- und Feuersäule schützend zwischen Israeliten und Ägypter. Über Nacht legte Jahwe das Meer durch einen starken Ostwind trocken und versetzte die Ägypter am anderen Morgen so sehr in Schrecken und Verwirrung, dass sie dem Meer entgegenflohen und in den zurückströmenden Fluten umkamen. Demgegenüber berichtet der Elohist, dass ein Engel zwischen Ägyptern und Israeliten getreten sei, und die Ägypter auf rätselhafte Weise am Vorwärtskommen gehindert habe. Schließlich hat nach der Priesterschrift Gott das Meer so gespalten, dass die Wasser zu beiden Seiten wie eine Mauer feststanden und die Israeliten trockenen Fußes durch das Meer ziehen konnten, während die Wassermassen über die ihnen nachjagenden Ägypter zusammenbrachen.

Alttestamentler haben herausgefunden, dass die Auszugs-, Sinai-, Wüsten- und Landnahmegeschichte ursprünglich eigenständige Überlieferungen waren, die erst nachträglich miteinander verbunden worden sind. Held und Träger dieser Einzelgeschichten waren die Ältesten der einzelnen israelitischen Stämme, deren Namen später in Vergessenheit gerieten und durch die Gestalt des Moses überlagert wurden, nicht Moses selbst. Die Exodusgeschichte war in ihren Grundzügen lange bevor sie aufgeschrieben wurde bekannt und mündlich in kanaanäischen Sagen, Traditionen und Geschichten überliefert, die von einer Generation an die nächste weitergegeben wurden. In diese Geschichte scheint auch ägyptisches Gedankengut eingeflossen zu sein. Dass die Exodusgeschichte bereits vor dem 7. Jahrhundert zumindest in Teilen bereits bekannt gewesen ist, ergibt sich aus Orakelsprüchen der Propheten Amos (2,10; 3,1;9,7) und Hosea (11,1;13,4), die bereits ein ganzes Jahrhundert vorher aufgezeichnet wurden. So heißt es bei Amos 2,10: „Ich bin es gewesen, der euch aus Ägypten geführt und euch vierzig Jahre durch die Wüste geleitet hat, damit ihr das Land der Amoriter in Besitz nehmen konntet."

Amos 3,1: „Hört dieses Wort, das der Herr gesprochen hat über euch ihr Söhne Israels, über den ganzen Stamm, den ich aus Ägypten heraufgeführt habe."; Amos 9,7: „Wohl habe ich Israel aus Ägypten heraufgeführt." In Hosea heißt es in 11,1: „Als Israel jung war, gewann ich es lieb, ich rief meinen Sohn aus Ägypten“; in Hosea 13,4: „Ich aber bin der Herr, dein Gott seit der Zeit in Ägypten.“

Assmann[154] vermutet, dass die Besetzung Ägyptens durch die Hyksos und ihre gewaltsame Vertreibung aus Ägypten sowie auch andere ägyptische Quellen wie die Aussätzigen- und Vertreibungsgeschichte Manethos in der Exodusgeschichte nachwirkten und auch den Verfassern der Exodusgeschichte nicht nur bekannt waren, sondern von ihnen in der Moses- und Exodusgeschichte unter Erweiterung um die Geschichte um Moses verarbeitet wurden.

Die Exodusgeschichte war eine Geschichte über den Konflikt mit Ägypten. Dadurch, dass sie von der großen Macht des Gottes Israels und der wunderbaren Errettung seines Volkes durch Moses berichtet, erfüllt sie im eigentlichen Sinne einen politischen und militärischen Zweck, indem sie unmittelbar an die politischen Verhältnisse im 7. Jahrhundert in Juda zur Zeit der Fertigstellung anknüpften. Die Exodusgeschichte sollte damit der zu dieser Zeit in Juda lebenden Bevölkerung Hoffnung auf einen Neubeginn und eine bessere Zukunft geben.[155] Gerade zu dieser Zeit versuchte sich mit Joschia ein junger König in Juda sich dem mächtigen Nachbar Ägypten zu widersetzen. Hierzu diente ihm die Exodusgeschichte als politische Propaganda, sie ist eine Geschichte, die sich aus vielen verschiedenen Quellen zusammensetzte und diese zu einem umfassenden Epos, das sich gegen Ägypten richtete und Juda stärken sollte, zusammenfügte.

Die Exodusgeschichte ist insoweit weder historische Wahrheit noch literarische Erfindung, sondern ein politisches Manifest im Hinblick auf die Konfrontation zwischen dem jungen König Joschia und dem Pharao Necho II. von Ägypten. Die Exodusgeschichte enthält vor allem Hoffnungen, Ängste und Ambitionen des Königsreichs Juda zur Zeit der Herrschaft Joschias im 7. Jahrhundert v. Chr. Bei dem, was bisher als reale Geschichte galt, die Geschichten über die Erzväter, der Auszug aus Ägypten, die Einnahme Kanaans und die vereinte Monarchie und David und Salomo, handelt es sich wahrscheinlich um den schöpferischen Ausdruck einer mächtigen religiösen Reformbewegung, die im Königreich Juda zur Regierungszeit des Königs Joschia blühte.

Joschia oder auch Josia genannt, war in der Zeit von 640 bis 609 v. Chr. König des Südreiches Juda. Er wurde um 647 v. Chr. geboren und nach der Ermordung seines Vaters Amon im Alter von nur acht Jahren König. Seine Söhne Joahas, Jojakim und Mattanja folgten ihm später auf den Königsthron nach.

Nach dem Bericht der Bibel im 2. Buch der Könige 22-23 sowie im 2. Buch der Chronik soll Joschia streng nach dem jüdischen Gesetz gelebt haben. Er lehnte die Verehrung anderer Gottheiten radikal ab und lebte damit einen strengen Monotheismus. Er reformierte den jüdischen Gottesdienst im Tempel und führte das jüdische Pessachfest wieder ein. Er zeigte sich als intelligenter und gewiefter Politiker, indem er die Schwäche der beiden Großmächte Assyrien und Ägypten geschickt für seine politischen Ambitionen nutzte um seine Macht und damit die Macht Judas auf Israel und seine Stadtstaaten im Norden auszudehnen. Er verfolgte damit seinen Traum von einer nationalen Einigung aller Stämme in Palästina unter seiner Oberherrschaft. Um seinen politischen Traum sich zu erfüllen, ließ er alle Sagen und Berichte der Stämme Juda und Israels von Gelehrten und Schriftstellern zu einem Gesamtwerk der Geschichte Israels zusammenstellen. Dieses wurde zu Grundlage der Bibel, hierzu gehörte insbesondere der Pentateuch. Im Mittelpunkt der biblischen Geschichte stand der Gott Jahwe, der gemeinsame Gott Judas und Israels, der im Tempel von Jerusalem verehrt wurde. Die erste Redaktion der Bibel wurde erst im babylonischen Exil beendet. Aufgrund der unsicheren politischen Lage im mesopotamischen und palästinensischen Raum kam es zu einer Auseinandersetzung zwischen Assyrien und Ägypten auf der einen sowie den aufstrebenden Babyloniern auf der anderen Seite. Joschia versuchte geschickt diese Auseinandersetzung zwischen den Großmächten für seine politischen Zwecke zu nutzen. Im Jahr 612 v. Chr. wurde die assyrische Hauptstadt Ninive vom babylonischen König Nabopolassar erobert. Der ägyptische König Necho II., der Nachfolger des Königs Psametich kam den besiegten Assyrern und deren König Assuruballit II. zur Hilfe. Nach dem Verlust von Harran im ersten Feldzug und den damit verbundenen Rückzug an den Euphrat, nutzte Necho II. eine Kampfpause, um in Ägypten ein größeres Heer zusammenzustellen.

Im Juni des Jahres 609 v. Chr. drang Necho II. mit diesem Heer erneut bis zum Euphrat vor. Joschia versuchte, sich mit seiner Armee den Ägyptern in der Nähe von Meggido entgegenzustellen und sie am Vormarsch zu hindern. Der Ausgang der Schlacht ist unsicher. Jedenfalls wurde Joschia bei den Kämpfen getötet. Darüber berichtet das 2. Buch der Könige (23,29) wie folgt: „In seinen Tagen zog der Pharao Necho, der König von Ägypten, in einem Kriegszug gegen den König von Assur an den Euphrat. König Josia stellte sich ihm entgegen. Doch der Pharao tötete ihn bei Meggido, sobald er ihn sah.“ Nach seinem Tod wurde Joschia nach Jerusalem gebracht und dort begraben (2. Kön. 23,30). Nach der Version des 2. Buchs der Chronik (35,24) soll Joschia nicht bei Meggido, sondern erst nach seiner Rückkehr nach Jerusalem seinen Verletzungen erlegen sein. Sein Nachfolger wurde Joahas. Der Gegenpart Joschias war der ägyptische König Necho II. Er regierte als 2. König der Saitendynastie von 610 bis 595 v. Chr. Er führte insgesamt 5 Feldzüge gegen die Babylonier. Auf dem zweiten Feldzug kam es zur Auseinandersetzung mit dem Königreich Juda und dessen König Joschia, der kurz danach an den dabei erlittenen Verletzungen verstarb.

Soweit zu den historischen Gegebenheiten, unter denen die Exodusgeschichte entstanden ist. Um die Bedeutung dieser Geschichte, insbesondere der Gestalt des Moses und die der anderen Patriarchen verstehen zu können, müssen wir die Art und Weise berücksichtigen, in der im alten Israel Geschichten erzählt wurden. Wichtige Ereignisse der Vorzeit wurden zumeist in Form einer Verkündigung oder eines Lobpreises weitergegeben und nicht, wie wir es von unserer heutigen Geschichtswissenschaft gewohnt sind, objektiv in zuschauerhafter Distanz. Darüber hinaus bezogen die Israeliten bei ihren Erzählungen immer die Gegenwart mit ein. Ereignisse und Verhältnisse der Gegenwart wurden vielfach in die Vergangenheit zurückprojiziert. Überlieferungen aus der Vorzeit wurden unter Hinzunahme moderner Gedanken neugefasst und damit ein Bezug zur Gegenwart hergestellt. Wir müssen deshalb fragen, welche neueren Gedanken die Verfasser in die Mosegeschichte haben einfließen lassen. Einzelpersonen wie Abraham, Joseph und Mose erscheinen als Repräsentanten der Gruppe, der sie angehörten. Ereignisse, die zunächst nur auf eine Untergruppe beschränkt waren, wurden später bei der Wiedergabe der Geschichte auf die Gesamtheit der Israeliten ausgedehnt. So wird die Geschichte vom Auszug und der anschließenden Landnahme der Israeliten auf alle zwölf Stämme Israels ausgedehnt, obwohl von den Gelehrten überwiegend die Auffassung vertreten wird, dass die Stämme Israels sich erst nach dem Sesshaftwerden in Kanaan zu einem Volk zusammengeschlossen haben. Wir dürfen deshalb mit Recht annehmen, dass beim Auszug aus Ägypten und der anschließenden Verkündigung der Zehn Gebote am Berg Sinai nicht alle Stämme Israels beteiligt waren, dieses Geschehen aber für den Verfasser der Exodusgeschichte so grundlegend war, dass er es später auf alle Israeliten ausdehnte.[156]

In Fortführung dieses Gedankenganges sind Wissenschaftler zu dem Schluss gekommen, dass die Einzelgestalt des Moses erst nachträglich von den Verfassern der Mosegeschichte zur literarischen Verklammerung der unterschiedlichen israelitischen Stämme und ihrer Geschichten in die Auszugsgeschichte hineingenommen worden ist. Deshalb ist Moses mit großer Wahrscheinlichkeit keine historische, sondern eine von den Verfassern der Auszugsgeschichte zum Propheten, Priester, Wundertäter, Religionsstifter und Verfasser einer eigenen Biographie gemachte literarische Idealgestalt, eine Gestalt der Erinnerung.

Widersprüchliche Zeitangaben[157]

Bedenkt man, dass bei dieser Katastrophe, die dem Meereswunder zugrunde liegt, der Pharao zusammen mit seinen besten Kriegern umkam, so kann man sich wundern, dass diese Katastrophe in keiner ägyptischen Quelle erwähnt wird. Darüber hinaus enthält die Exodusgeschichte widersprüchliche Zeit- sowie Königsangaben. So heißt es in 1. Könige 6,1, der Baubeginn des Tempels in Jerusalem falle in das vierte Jahr von Salomos Herrschaft, „vierhundertachtzig Jahre“ nach dem Auszug aus Ägypten. Legt man diese Zeitangabe zugrunde, so wäre der Auszug auf das Jahr 1440 v. Chr. zu datieren, 130 Jahre nach der Vertreibung der Hyksos aus Ägypten. Andererseits berichtet die Exodusgeschichte (Ex. 1,11), von den Fronarbeiten der Israeliten, die sie vor dem Exodus beim Bau der Ramsesstadt, Pi Ramesse, zu leisten hatten. Die Ramsesstadt bezieht sich auf den Pharao Ramses II., der jedoch im 13. Jahrhundert v. Chr. von 1279 – 1213 v. Chr. regierte, so dass der Auszug in diesem Jahrhundert also 170 Jahre nach dem ursprünglich genannten Datum 1440 v. Chr. stattgefunden haben muss. Dem widerspricht wiederum die Erwähnung Israels auf der Siegesstele Merenptahs, des Nachfolgers und Sohns Ramses II. (1213-1203 v. Chr.), der von einem siegreichen Feldzug Merenptahs nach Kanaan berichtet und Israel ausdrücklich als besiegt, „sein Samen ist dahin“ bezeichnet, ein Hinweis darauf, dass zu dieser Zeit in Kanaan eine als „Israel“ bekannte Volksgruppe lebte.

Gegen die Zeitangaben der Bibel werden vor allem seitens der modernen israelischen Archäologie Einwände erhoben: So lassen sich für eine Präsenz einer größeren israelitischen Gruppe in Ägypten vor dem Feldzug Merenptahs Zeit keine archäologischen Beweise erbringen.[158]

Der in der Exodusgeschichte beschriebene Massenauszug zur Zeit Ramses II. war nach Ansicht der israelischen Archäologen Finkelstein und Silberman[159] militärisch und strategisch überhaupt nicht möglich. Nach der Vertreibung der Hyksos Fremdherrscher aus Ägypten im Jahre 1570 sicherten

die Ägypter ihre Grenzen im Osten nach Kanaan hin durch eine Kette von streng bewachten Befestigungsanlagen. Dies machte einen unbemerkten Auszug der Israeliten, wie er in der Exodusgeschichte beschrieben wird, unmöglich. Zumindest hätte darüber ein schriftlicher ägyptischer Bericht existieren müssen. Gerade im Zeitpunkt des biblischen Exodus in der Regierungszeit Ramses II. war Ägypten auf dem Gipfel seiner Macht und hatte gerade die damaligen Kleinstaaten in Kanaan militärisch fest im Griff. Insoweit ist die Annahme einer Flucht einer größeren Gruppe von Israeliten durch die schwer bewachten Grenzbefestigungen in die Wüste und dann weiter nach Kanaan kaum als realistisch anzusehen.
Auch die Möglichkeit, dass eine derartige Gruppe durch die Sinai-Halbinsel gezogen ist, ist archäologisch nicht belegbar. So sind auf dem Sinai kein einziger Lagerplatz, keine Töpferscheibe oder kein Gebäude aus der Zeit Ramses II. gefunden worden, auf dem sich eine größere Menschenmenge, die Exodusgeschichte spricht von 600.000 Israeliten, aufgehalten haben können. Von den vierzig Jahren ihrer Wüstenwanderung sollen die Israeliten sich insgesamt 38 Jahre in Kadesch-Barnea aufgehalten haben, einem Ort, den Archäologen mit der Oase En-el Quderat im Ost-Sinai an der Grenze zwischen Israel und Ägypten identifiziert haben. Auch an dieser Stelle sind Archäologen bislang nicht auf Reste einer Siedlung, noch nicht einmal auf eine Töpferscheibe aus der Zeit des biblischen Exodus gestoßen. Zwar sind alle in der Exodusgeschichte genannten Orte real existierend, jedoch waren sie nach den Forschungen der Archäologen zu dem Zeitpunkt der Exodusgeschichte alle unbewohnt. Die Exodusgeschichte enthält viele historische und auch geographische Details, die wahrscheinlich aus unterschiedlichen Zeiträumen stammten, ohne dass man sie einer bestimmten Epoche, z.B. der Regierungszeit Ramses II., in die der Exodus zumeist datiert wurde, zuordnen kann. Es gab zahlreiche Perioden, in denen Semiten nach Ägypten eingewandert bzw. ausgewandert sind, vor allem im Zusammenhang mit der Hyksosperiode.
Die dadurch bestehenden Schwierigkeiten bei der Datierung der Exodusgeschichte vergrößern sich noch dadurch, dass in der Exodusgeschichte kein einziger ägyptischer Pharao namentlich genannt wird im Unterschied zu späteren Bibeltexten, in denen die Pharaonen Schischak und Necho II. genannt werden. Die übliche Datierung des Exodus in die Regierungszeit Ramses II. erfolgte nur deshalb, weil man den Ortsnamen Pi-Ramesse (Ex. 1,11;12,17) mit Ramses II. in Verbindung gebracht hat. Zahlreiche Einzelheiten aus der ägyptischen Spätzeit im 7. und 6. Jahrhundert sind in

den Pentateuch, die Bücher Moses eingeflossen. Dies korrespondiert wiederum mit der Annahme, dass diese im 7. Jahrhundert verfasst worden sind.
So haben sich seit der zweiten Hälfte des 7. Jahrhunderts viele Bewohner Judas im Delta niedergelassen und bildeten dort eine große Gemeinde (Jeremiah 44,1; 46,14). Auch passen die in der Exodusgeschichte beschriebenen öffentlichen Fronarbeiten, welche die Israeliten zum Beispiel beim Bau der Stadt Pithom zu verrichten hatten, in diese Zeit. Zwar gab es bereits zur Regierungszeit Ramses II. im Nildelta eine Stadt mit diesem Namen, die berühmtere und bekanntere Stadt Pithom wurde, wie archäologische Forschungen ergeben haben, jedoch erst während der 26. Dynastie im ausgehenden 7. Jahrhundert, während der 26. Dynastie vor Christus erbaut. Alle diese Hinweise lassen den Schluss zu, dass der Exodus Text zwar bereits im 9. Jahrhundert v. Chr. in seinen Grundzügen verfasst wurde, aber erst zur Zeit der 26. Dynastie in der zweiten Hälfte des 7. und der ersten Hälfte des 6. Jahrhunderts seine endgültige Form erhielt, indem die Verfasser viele zeitgenössische Details in die Erzählung hineinnahmen. Damit stellt sich direkt die weitere Frage, ob und inwieweit die Exodusgeschichte, die Geschichte um Moses überhaupt einen historischen Kern enthält. Hiergegen sprechen sich heutzutage viele Wissenschaftler aus.[160.]

Zweifel der israelischen Archäologie an der Historizität Moses und der Exodusgeschichte[161]

Die israelischen Archäologen Finkelstein und Silbermann kommen in ihrer Studie „Keine Posaunen vor Jericho. Die archäologische Wahrheit über die Bibel“[162] aufgrund ihrer archäologischen Forschungen zu dem Ergebnis, dass die Geschichtsdarstellung der Bibel, von Abrahams Begegnung mit Gott und seiner Wanderung nach Kanaan, Moses Befreiung der Israeliten aus der Sklaverei bis zum Aufstieg und Niedergang der Königreiche Israel und Juda, keine wunderbare Offenbarung, sondern ein herausragendes Ergebnis der menschlichen Einbildungskraft war, das in einem Zeitraum von zwei oder drei Generationen vor beinahe 2600 Jahren entworfen wurde. Finkelstein und Silberman[163] verweisen insoweit auf zahlreiche Anachronismen im Text über die Erzväter, die ihrer Meinung nach nur den Schluss zulassen, dass die Geschichte nicht früher als im 7. Jahrhundert v. Chr. verfasst worden sein kann. So kommen in den Geschichte über die Erzväter immer wieder Kamele und Kamelherden vor. Durch die archäologische Forschung ist jedoch belegt, dass Kamele in dem Raum, in dem die Erzväter agierten, erst nach 1000 v. Chr. als Lasttiere genutzt wurden. Die ersten Kamelkarawanen sind erst im 8. oder 7. Jahrhundert v. Chr. im assyrischen Reich belegbar. Auch die Erwähnung der Begegnung Isaaks mit Abimelech, dem Philisterkönig in der Stadt Gerar (Gen. 26,1) kann nicht vor dem 11. und 10. Jahrhundert v. Chr. stattgefunden haben, da die Philister, die als Teil der Seevölker aus der Ägäis oder dem östlichen Mittelmeer kamen, erst zu diesem Zeitpunkte sich in Kanaan ansiedelten.[164]

4.7. Die Aussätzigen- und Vertreibungsgeschichten als Paten für die Schaffung der Figur des Moses und die Exodusgeschichte[165]

Geht man aufgrund unserer bisherigen Untersuchungen davon aus, dass der Pentateuch und damit auch die Exodusgeschichte nicht von Moses selbst stammt, weil dessen historische Existenz letztlich nicht nachweisbar ist, sondern von unbekannten Priestern und Schriftgelehrten verfasst wurden, so stellt sich die Frage, welche Quellen und Vorlagen diesen unbekannten Verfassern zur Verfügung standen um die Geschichte des Aufenthaltes der Israeliten in Ägypten und ihrer Flucht aus Ägypten unter Leitung von Moses in aller Ausführlichkeit und detailgetreu, was Ägypten angeht, zu schreiben. Es ist angenommen worden, dass ein Einheimischer, der Führer eines israelitischen Stammes den Verfassern der Auszugsgeschichte bei der Schaffung der Gestalt des Moses Pate gestanden hat. Hierfür ergeben sich jedoch keinerlei Belege. Es handelt sich um eine bloße Vermutung.
Das Gleiche gilt für alle weiteren israelischen Quellen, für Erzählungen, Legenden und Sagen, die jedoch nur mündlich tradiert wurden und uns insoweit bei der Beantwortung unserer Frage nach der Vorlage für die Exodusgeschichte nicht weiterhelfen können. Wir sind insoweit nur auf Vermutungen angewiesen. Aus den zeitgenössischen archäologischen Quellen hat sich, wie wir gesehen haben, bislang noch nichts ergeben, was auf ein historisches Ereignis wie den Aufenthalt der Israeliten und ihr Auszug aus Ägypten hindeuten könnte. Fehlen uns israelische Quellen, so stehen uns für die Auszugsgeschichte aus Ägypten mit der Hyksosgeschichte eine historische Quelle sowie mit den Aussätzigen- und Vertreibungsgeschichten literarische Quellen aus Ägypten zur Verfügung, die in kanaänische oder israelische Legenden eingeflossen und von dort oder unmittelbar in

Form von Gegengeschichten in die Exodusgeschichte eingeflossen sein könnten.
Das einzige historisch aus den ägyptischen Königslisten belegbare Ereignis ist der Aufenthalt der Hyksos in Ägypten und ihre Vertreibung aus Ägypten, welcher als historische Grundlage den Verfassern der Exodusgeschichte zur Verfügung stand. Insoweit bot sich für die Verfasser der Exodusgeschichte Ägypten als Projektionsfläche an, weil dieses Land in der Hyksosgeschichte über eine Geschichte verfügte, die vom Einzug und Auszug eines semitischen Volksstammes aus Ägypten erzählte.[166]
Erinnerungen an die Hyksoszeit finden sich insbesondere in der ramessidischen Erzählung vom Streit zwischen Apophis und Sekenenre (Papyrus Sallier I.)[167] Sie erinnert an den Beginn des Befreiungskampfes gegen die Hyksos mit dem Hyksoskönig Apophis und dem vorletzten König der 17. Dynastie Sekenenre, der wahrscheinlich beim Kampf gegen die Hyksos ums Leben kam. Zentrales Motiv dieser Geschichte ist das Motiv von den „brüllenden Nilpferden", ein märchenhaftes oder allegorisches Motiv, wodurch nach Ansicht von Maciejewski[168] Elemente der Erinnerung an Echnaton in die Geschichte eingeflossen sind. Erinnerungen an diesen Aufenthalt der Hyksos könnten sich in kanaanäischen Volkslegenden erhalten haben, die im Wege der Umformung Herrscher zu Gefangenen, Vertriebene zu Auswanderern und Besatzern zu Befreiten auf welchen Wegen auch immer in die Exodusgeschichte eingeflossen sind.[169] Nach der Amarnazeit erhielt die eigentlich rein politische Hyksosgeschichte durch eine Gleichsetzung der Hyksos mit den Juden und der Vermischung mit der Geschichte Echnatons und seines Aton-Kultes eine religiöse Einfärbung, vor allem in der Aussätzigen- und Vertreibungsgeschichte Manethos. Damit tauchte die ortlos gewordene Amarnaerinnerung im Vexierbild der Hykso-serinnerung auf. Gerade in diesen ägyptischen und außerägyptischen Quellen, der Hyksosgeschichte und den Aussätzigen- und Vertreibungsgeschichten Manethos und anderer Verfasser stehen uns und auch den Verfassern der Exodusgeschichte Quellen zur Verfügung, die den Namen Moses nennen im Zusammenhang mit der Vertreibung der Juden aus Ägypten. Dabei geht die Vertreibungsgeschichte Manethos sogar bis in die Amarnazeit zurück und schafft damit eine Verbindung zu Echnaton und zu dessen monotheistischen Kult, den Aton-Kult. Bei diesen Aussätzigen- und Vertreibungsgeschichten handelte es sich ursprünglich auch um mündlich tradierte volkstümliche Sagen, Erzählungen und Legenden, für deren Existenz jedoch die Aufzeichnungen Manethos ein Beleg sind.

Durch sie sind die Hyksos mit den Juden sowie Echnaton und Moses nachträglich in Verbindung gebracht worden.[170]
Es handelt sich um Reminiszenzen der Amarnazeit, die in der mündlichen Tradition und der Erinnerung der Ägypter fortgelebt haben und nach tausendjähriger Verborgenheit wieder in den Schriftquellen auftauchten, als die Ägypter mit dem jüdischen Monotheismus in Kontakt kamen.[171]
Das Überleben der Erinnerung an Echnaton über einen so langen Zeitraum erscheint auch nicht unwahrscheinlich, da die *damnatio memoriae* und die Verfolgung der Amarnareligion nicht alle Monumente erfasst hatten. So blieben z.B. die Grenzstelen in Amarna und die Abbildungen in der Privatgräbern Amarnas von Zerstörungen verschont. Außerdem waren viele Zerstörungen der Amarnazeit an älteren Monumenten sichtbar. Schließlich haben sich die Erinnerungen an die Amarnazeit mit den Erinnerungen an die Hyksoszeit verbunden, die in der Aussätzigengeschichte Manethos miteinander verschmolzen. Die Ägypter haben auf den jüdischen Monotheismus deshalb so aggressiv und heftig reagiert, weil durch ihn alte Wunden der Amarnazeit wieder aufgerissen wurden, und sie hefteten ihre verdrängten Aversionen und Hassgefühle gegen Echnaton und die Anhänger des monotheistischen Aton-Kultes an Moses und die Juden. In der Begegnung mit dem jüdischen Monotheismus erlebten die Ägypter eine Wiederkehr des Verdrängten und reagierten mit heftigen Abwehrmechanismen.[172]
Wir dürfen davon ausgehen, dass den Verfassern der Exodusgeschichte, die sich mit den Gegebenheiten Ägyptens, seiner Geschichte und Religion bestens auskannten, auch die ägyptische Aussätzigen- und Vertreibungsschichte bekannt war, besonders weil es sich darin um ihr Volk und einen möglichen Religionsstifter ging. Das Gleiche gilt von der Geschichte der Hyksos, welche in der Geschichte Manethos mit den Juden gleichgesetzt wurden. Zwar lebten die Verfasser der Aussätzigen- und Vertreibungsgeschichten wesentlich später als die Verfasser der Exodusgeschichte, jedoch sind die Quellen, auf den die Aussätzigen- und Vertreibungsgeschichte beruhen, bedeutend älter und liegen vor dem 7. Jahrhundert v. Chr., der Entstehungszeit der Exodusgeschichte. Die ägyptischen Quellen reichten bis in das 15. Jahrhundert vor Christus zurück, als die Hyksos über Ägypten herrschten. Eine derartige Rückbeziehung des Quellenmateriales macht es möglich, dass sie auch die Ereignisse aus der Regierungszeit Echnatons im 13. Jahrhundert erfassten. Die Vertreibungsgeschichte, die zugleich auch zu einer Geschichte Moses wurde, lief bei den antiken

Geschichtsschreibern in vielen verschiedenen Versionen um. Insoweit haben sie nicht voneinander abgeschrieben, sondern unabhängige mündliche Quellen verwendet. Auch waren diese mündlich tradierten Geschichten von Aussätzigen und deren Vertreibung wesentlich älter als die erste mögliche Begegnung eines ägyptischen Autors mit der hebräischen Bibel.[173] Der Überlieferung nach ließ Ptolemaios II. (285-246 v. Chr.) den Pentateuch durch 72 jüdische Gelehrte ins Griechische übersetzen. Die Aussätzigen- und Vertreibungsgeschichten gingen dabei nicht auf ein historisches Ereignis zurück, sondern wurden von den Ägyptern in unterschiedlichen historischen Situationen erzählt und verwendet. Sie reichten zurück bis in die Hyksoszeit, in die Amarnazeit sowie die Zeit der assyrischen und persischen Eroberung.[174]

Es waren traumatische Erfahrungen aus Krisenzeiten, die durch ihre systematische Verdrängung noch verstärkt wurden.[175] Derartige Traumata können in bestimmten Fällen als Stabilisator der Erinnerung wirken.[176] Durch ein derartiges Trauma lebte auch Echnaton im kollektiven Gedächtnis Ägyptens fort.[177] Dabei erfolgte die Übertragung der Vertreibungsgeschichte auf die Juden durch Manetho selbst, der in seinen Aigyptiaca zunächst den Anstoß für eine spätere Gleichsetzung der Hyksos mit den Juden durch Flavius Josephus gab, obwohl er selbst die Hyksos nicht direkt mit den Juden gleichgesetzt hatte. Die Hyksos waren historisch keine Monotheisten, da sie den Gott Baal verehrten, der in Ägypten dem Gott Seth entsprach. Auch die Hyksoszeit soll wie das Ende der Amarnazeit von einer Pestepidemie begleitet worden sein. So hat z.B. H. Goedicke[178] in seiner Arbeit über die kanaanäische Krankheit darauf hingewiesen, dass der medizinische Papyrus Hearst einen Beleg für den Ausbruch der Pest in Ägypten gegen Ende des 16. Jahrhunderts enthält. Diese Erscheinung stimmt überein mit der Geschichte vom Streit zwischen Apophis und Sekenre, in der es heißt „das Land von Ägypten gehört den Unreinen."[179]

Bei der Gleichsetzung der Hyksos mit den Juden handelte sich um die Übertragung des Traumas der Echnatonzeit, das durch die Auslöschung Echnatons und seines Namens ortlos geworden war, auf eine andere Zeitperiode, die Geschichte war und die man wie die Echnatonzeit mit Fremdartigkeit, Gottlosigkeit und Zerstörung verband. Insoweit wurde der Hyksoskonflikt im kollektiven Gedächtnis nachträglich von einem politisch historischen zu einem religiösen Konflikt.

In der Vertreibungsgeschichte aus der Amarnazeit setzte Manetho Osarsiph, der an Echnaton und seinen Aton-Kult erinnert, unmittelbar mit Moses gleich. Dadurch wurden der Name und die Person des Echnaton jedoch nicht vollkommen unterdrückt. Unter der Maske des Osarsiph haben Erinnerungsspuren an Echnaton und im Gedächtnis der Ägypter nach Ansicht Assmanns[180] gleichsam in einer „Krypta“ überdauert, die uns die Identifizierung Echnatons mit Moses ermöglicht. Dass dies unmittelbar durch Manetho selbst und nicht nachträglich durch antijüdische Autoren erfolgt ist, zeigt sich darin, dass Osarsiph alias Moses bereits vom Manetho als Gesetzgeber, in Zusammenhang mit einer Funktion die unmittelbar mit Moses verbunden war, hingestellt wurde.

Unwahrscheinlich ist die Deutung von Manethos Vertreibungserzählung als eine später erfolgte Reaktion auf die Exodusgeschichte, da Struktur und die Details seiner Vertreibungsgeschichte dagegen sprechen, dass die Exodusgeschichte Manetho als Vorlage gedient haben kann. Zudem bestand zur Zeit der Abfassung von Manethos Vertreibungsgeschichte bereits die ältere Vertreibungsgeschichte von Hekataios von Abdera, die schwerlich als Beleg für eine Antwort auf die griechische Bibelübersetzung angesehen werden kann[181] sowie andere alte Überlieferungen, die bis auf die 18. Dynastie und über sie hinaus bis auf die Hyksos zurückgehen. So berichtet ein Text anlässlich der Wiedereröffnung der Tura-Steinbrüche aus der Regierungszeit des Ahmose (18. Dynastie) davon, dass die Steinbrucharbeiten von Asiaten (Aamu) verrichtet werden.[182] Zu dieser Zeit wütete nach Goedicke[183] eine Seuche.

Teilweise lassen sich Einzelheiten in der Aussätzigen- und Vertreibungsgeschichte mit konkreten Ereignissen in der Amarnazeit unter Echnaton in Zusammenhang bringen,[184] z.B.:

- das Motiv der Zwangsarbeit in den Steinbrüchen mit der exzessiven Bautätigkeit unter Amenophis III. und IV.
- das Lager in der Wüste und die Verlegung der Königsresidenz nach Amarna,
- die 13 Jahre der Herrschaft der Aussätzigen und die 13 Jahre, die Echnaton in Amarna regiert hat,
- die Pest in der Aussätzigengeschichte mit der Pest, die gegen Ende der Amarnazeit ausbrach und im gesamten Bereich des Vorderen Orientes für 20 Jahre wütete.

Damit sind die Anspielungen auf Echnaton und die Amarnazeit zwingend. Elemente der Aussätzigen- und Vertreibungsgeschichte finden sich aber auch in der Exodusgeschichte wieder. So entspricht das Motiv der Aussätzigen-Kolonie der Ansiedlung der Hebräer in Gosen, die Zwangsarbeit der

Aussätzigen in den Steinbrüchen der Fronarbeit der Israeliten bei der Ziegelherstellung. Die Verbindung der Aussätzigen und Vertreibungsgeschichte zur Exodusgeschichte ergibt sich vor allem durch die Figur Osarsiph, die ursprünglich an die Figur Echnaton angelehnt durch Manetho und die anderen hellenistischen Autoren der Vertreibungsgeschichten zu Moses gemacht wurde. Osarsiph bzw. der Moses in den Vertreibungsgeschichten werden als Gesetzgeber hingestellt. In dieser Funktion entspricht er genau der Figur des biblischen Moses. Osarsiph gibt den Aussätzigen Gesetze, die alles vorschreiben, was in Ägypten verboten und alles verbieten, was in Ägypten vorgeschrieben ist. Das erste Gebot gilt den Göttern, die nicht angebetet werden dürfen, ihre heiligen Tiere dürfen nicht geschont und ihre Nahrungstabus nicht beachtet werden. Dieses Gebot entspricht dem Verbot in der Gesetzgebung des Moses, andere Götter zu verehren. Dabei besteht dieses Prinzip der Gesetzgebung darin, den Abscheu der anderen Kultur zur eigenen zu machen und umgekehrt. Assmann[185] spricht insoweit von einer normativen Inversion. Das Prinzip der Gesetzgebung findet sich auch in der Gesetzgebung Moses wieder, soweit sie den monotheistischen Grundgedanken zum Inhalt der Gesetzgebung macht, so z.B. das Verbot andere Götter anzubeten, sich ein Bild von Gott zu machen, das Verbot des Umganges mit allen, die nicht zur eigenen Gruppe gehören. Die Verzerrungen in der Aussätzigengeschichte Manethos Nennung des Osarsiph anstelle des Echnatons ist die Folge der *damnatio memoriae* des Echnaton, die zur Verdrängung und Löschung seines Namens aus den Königslisten und der Erinnerung an ihn führte.[186]
Nach Ansicht von Maciejewski[187] soll es sich bei Osarsiph um den letzten Hyksoskönig Chalmudi handeln. Er beruft sich insoweit auf eine Untersuchung von Thomas Schneider, der in dem Namen Osarsiph den Thronnamen Chalmudis „Ousesaphre“ sieht. Damit stellt Manetho die Juden in das Erbe der ärgsten Feinde Ägyptens, der Hyksos. Hinter Moses steckt nach Ansicht Maciejewski nicht die verschobene Erinnerung an Echnaton, sondern an den letzten Hyksoskönig. Den Namen Moses leitet Maciejewski[188] von Ahmose ab, dessen zweiter Teil „Moses“, ein Allerweltsname von Manetho und den Verfassern der Exodusgeschichte aufgegriffen worden sei. Damit handelt es sich nach Maciejewski bei der Aussätzigengeschichte nicht um ein Trauma des Monotheismus, sondern um ein Trauma von der Wiederkehr der asiatischen Fremden und Religionsfrevler, den Hyksos. Nach Ansicht von Maciejewski[189] könnte sich auch in König Ödipus eine verschobene Erinnerung an König Echnaton erhalten haben.

Gegen die Ansicht Maciejewskis, Osarsiph sei mit Chalmudi gleichzusetzen, spricht, dass die Aussätzigen- und Vertreibungsgeschichte Manethos nicht zur Zeit der Beendigung der Hyksosherrschaft, sondern zur Regierungszeit des Königs Amenophis III. und seines Beraters Amenophis Hapi spielt. Darüber hinaus handelte es sich bei Osarsiph um einen heliopolitanischen Priester (Priester des Re-Sonnenkultes) und nicht um einen König der 17. Dynastie. Die Priesterstellung des Osarsiph korrespondiert wiederum mit der Regierungszeit des Amenophis III. und der zu dieser Zeit wachsenden Bedeutung der Sonnentheologie und nicht mit dem Ende der Hyksoszeit. Schließlich würde sich ein Widerspruch zum zweiten Teil der Aussätzigengeschichte ergeben, weil Osarsiph nach der Erzählung Manethos die Hyksos aus Jerusalem nach Ägypten zurückruft. Weil es sich dabei um einen Zeitpunkt nach der Vertreibung der Hyksos handeln muss, zu dem der letzte Hyksoskönig bereits tot war, ist eine Gleichsetzung von Osarsiph mit Chalmudi ausgeschlossen. Soweit Gedankengut aus ägyptischen Quellen, wie z.B. aus den ägyptischen Aussätzigen und Vertreibungsgeschichten von den Verfassern der Bibel in die Exodusgeschichte übernommen worden ist, konnte dieses natürlich nicht eins zu eins erfolgen, weil es sich um Gedankengut des Gegners handelte, das gegen die Juden gerichtet war. Das Gedankengut musste für die eigenen Zwecke auf- und umgearbeitet werden. Die Übernahme und Transformation von Gedankengut der ägyptischen Aussätzigen- und Vertreibungsgeschichte erfolgt in Form einer Gegengeschichte. Dabei handelt es sich nach Funkenstein[190] um eine in der Antike übliche Methode (*counter history*), die darin besteht, die wichtigsten Quellen des Gegners systematisch gegen den Strich auszubeuten mit dem Ziel einer Verformung des gegnerischen Selbstbildes, seiner Identität und einer Dekonstruktion seiner Erinnerung. Das bedeutet, dass die ägyptischen Hyksosgeschichte und die Aussätzigen- und Vertreibungsgeschichte als Geschichte des ägyptischen Gegners durch die Verfasser der Exodusgeschichte zugunsten der Figur des Moses und der Juden positiv umgearbeitet wurden. Aus den Hyksoskönigen macht die Exodusgeschichte Sklaven, aus der Vertreibung der Hyksos macht sie ein Auswanderungsverbot und aus dem Abstieg vom ägyptischen Thron in die Bedeutungslosigkeit macht sie den Aufstieg der Israeliten aus der Unterdrückung zum freien Gottesvolk. Aus der Vertreibung in den ägyptischen Quellen wurde ein freiwilliger Auszug, der vom Pharao nach den zehn Plagen erzwungen wurde, aus den Aussätzigen und Anhängern der verfemten Aton-Religion wurden Anhänger des Gottes Jahwe, aus den gegen Ägypten gerichteten Gesetzen der Aussätzigen, Gesetze für die Juden und ihren Gott. Gemeinsam ist der Vertreibungsgeschichte sowie der Exodusgeschichte, dass beide von Hass diktiert sind. Die negative Figur des Moses in der Vertreibungsgeschichte Manethos, der an der Spitze von Aussätzigen, Abtrünnigen und Feinden Ägyptens gegen Ägypten arbeitet, wird zum politischen Führer und Religionsstifter, der die Juden aus Ägypten führte, sie damit aus der Versklavung mit Zwangsarbeit und Unterdrückung und aus der Knechtschaft der Ägypter befreite und ihnen eine neue Religion und einen neuen Gott gab. Außer Assmann hält es selbst Maciejewski[191] für möglich, dass die Exodusgeschichte eine Gegengeschichte zu den ägyptischen Aussätzigen- und Vertreibungsgeschichten ist, die auf ägyptische Legenden reagiert, in der Juden, Hyksos und Amarna miteinander verschmolzen waren. Damit haben sich die Juden selbst in der Exodusgeschichte in die Nachfolge der Hyksos und in das Erbe des Echnatons gestellt.[192] Durch die Umwandlung der ägyptischen Quellen der Aussätzigen- und Vertreibungsgeschichten zu einer Gegengeschichte kann die Exodusgeschichte auch als politisch oder militärisch motivierter Versuch gewertet werden, der Geschichte Israels und dem Gott Jahwe durch einen Erfolg über den damals seit der Zeit Ramses II. mächtigsten Staat der damaligen Welt im Nachhinein Glanz zu verleihen. In der Exodusgeschichte wurden von den Verfassern neben den ägyptischen, viele jüdische und kanaanäische Quellen verarbeitet, insbesondere Legenden, Sachen, Märchen und Erzählungen, die nur mündlich tradiert worden sind und über deren Ursprünge wir nichts wissen. Als Ergebnis ist festzuhalten, dass die Figur des Moses nicht historisch gesehen werden kann, sondern als Figur der Erinnerung ägyptisch und von ägyptischen Vorstellungen beeinflusst war. Die Figur des Moses hängt wahrscheinlich zusammen mit der ersten monotheistischen Religion in Ägypten, dem Atonskult Echnatons. Die Exodusgeschichte und die Geschichte um Moses sind dabei von den Verfassern der Bibel als Gegengeschichte zu der ägyptischen Aussätzigen und Vertreibungsgeschichte sowie der Hyksosgeschichte konzipiert.

4.8. Ergebnis

Daraus ergibt sich für das Verhältnis der beiden Religionsstifter Moses und Echnaton folgendes Ergebnis:

Im Unterschied zu Moses war Echnaton eine Figur der Geschichte. Für Moses ist dies nicht anzunehmen, für seine historische Existenz haben sich niemals irgendwelche Spuren nachweisen lassen, so dass Moses als eine bloße Figur der Erinnerung angesehen werden muss. In der Erinnerung lebt Moses als Religionsstifter, politischer Führer und Gesetzesgeber in enger Verbindung zu Echnaton weiter. Für Sigmund Freud war Moses eine historische Persönlichkeit und ein Anhänger Echnatons und seiner Aton-Religion. Daraus schließt er, dass Moses den Juden seine eigene ägyptische Religion gegeben habe. Im Ergebnis geht es jedoch nicht darum, ob Moses jemals gelebt hat oder nicht, sondern darum welche Erinnerung an Moses und seinen Glauben uns die Exodusgeschichte gibt. Aus dieser Sicht stimmt letztlich auch die These Freuds, der in Echnaton und seinem monotheistischen Aton-Kult das Vorbild für Moses und den mosaischen Glauben sah. Diese Verbindung zwischen Echnaton und Moses beruhte nicht darauf, dass Moses ein Anhänger Echnatons und seines Kultes war und diesen nach Transformation in seinen, den mosaischen Glauben an die Juden weitergab. Dies hätte zur Voraussetzung, dass Moses jemals gelebt hat und demnach eine historische Persönlichkeit war. Die Verbindung erfolgte durch die Verfasser der Exodusgeschichte, welche neben uns nicht mehr zugänglichen israelitischen und kanaanäische Quellen auch altägyptische Quellen, wie sie in der Aussätzigen- und Vertreibungsgeschichte Manethos und anderer Verfasser sowie in der Geschichte der Hyksos zur Verfügung standen, bei der Abfassung der Exodusgeschichte verwandt haben. Insoweit ist Moses nicht mit Echnaton gleichzusetzen, sondern Echnaton kehrt in der Maske Moses in die schriftliche Überlieferung zurück, zunächst in die Aussätzigen- und Vertreibungsgeschichte Manethos und darüber hinaus in die Exodusgeschichte der Bibel, die Geschichte von Moses und seinem Auszug aus Ägypten. Echnaton und Moses, beide verbindet der Monotheismus und letztlich der Aussatz, zu dem Manetho und die Ägypter die Religion Echnatons und die jüdische Religion machen wollten.

Anhang: Flavius Josephus Contra Apionem, Zitate aus den Aigyptiaca Manethos[193]

1. Manethos Bericht über die Hyksos

Flavius Josephus zitiert in seinem Werk „Contra Apionem“ ägyptische Zeugnisse über den Einfall der Hyksos und ihre Herrschaft über Ägypten aus den „Aigyptiaca“ Manethos wie folgt:
„Zu einer Zeit, ich weiß nicht warum, war Gott uns feindlich gesonnen und unerwarteterweise drangen aus den östlichen Gegenden Menschen unbekannter Herkunft kühn in das Land ein und eroberten es leicht und ohne Kampf im Sturm.“[194]
(Manetho ist sich der Herkunft dieser Menschen nicht sicher. Er vermutet, dass es sich bei den Eindringlingen um eine semitische Völkerwanderung aus den in Palästina angrenzenden Wüsten gehandelt habe. Diese Herkunft ist jedoch unsicher, weil die Beduinen nicht sehr zahlreich waren und auch Zweifel an ihrer militärischen Stärke und Bewaffnung bestehen, um ein so mächtiges Reich wie Ägypten, selbst wenn es in der 13. Dynastie schwächelte, zu unterwerfen. Dies führte zu der Annahme, dass es sich bei den Hyksos um einen arischen Volksstamm möglicherweise, um die Hurriter gehandelt habe. Diese Theorie wird jedoch aus chronologischen und archäologischen Gründen inzwischen abgelehnt. Stattdessen vermutet man, dass es sich nicht um ein kriegerisches Eindringen eines Volkes in Ägypten handelte, sondern um eine allmähliche, über einen längeren Zeitraum sich hinziehende Besiedelung des östlichen Nildeltas durch Semiten und um die Übernahme der Herrschaft durch einen aus dieser Volksgruppe stammenden Usurpator.)
„Und nachdem sie die Herrschenden des Landes unterworfen hatten, zündeten sie weiterhin unbarmherzig die Städte an und zerstörten die Heiligtümer der Götter, alle Einwohner aber behandelten sie in irgendeiner Weise höchst feindlich, indem sie die einen töteten, die anderen Kinder und Frauen aber in die Sklaverei wegführten. Endlich machten sie einen von sich zum König, dessen Namen Salitis war. Und dieser verweilte in Memphis und legte dem unteren und oberen Land Steuern auf und hinterließ Wachen an den geeignesten Orten. Hauptsächlich aber befestigte er die Landstriche im Osten, denn er ahnte, dass, wenn die Assyrer einst stärker wären, sie aus Verlangen nach einem Reich einen Angriff unternähmen. Als er aber in den Sethronitischen Gau eine sehr günstig gelegene Stadt fand, die einerseits östlich des Flusses Bubastitos gelegen war, andererseits nach einem alten Mythos Avaris hieß, bevölkerte er diese und befestigte sie sehr stark mit Mauern, und es wohnte darin auch eine große Menge schwerbewaffneter Männer etwa 240.000 zum Schutz.“[195]

(Avaris oder Auaris war keine Neugründung der Hyksos. Die Lage dieser Stadt war lange umstritten. Aufgrund der von Manfred Bietak im Tell el Dabá durchgeführten Ausgrabungen kann es als gesichert angesehen werden, dass Avaris mit dem Ort Tell el Dabá identisch ist.)
„Hierher aber kam er im Sommer, teils um Getreide auszuteilen und Entlohnungen zu gewähren, teils um die Truppen durch Manöver sorgsam zu trainieren, um die Angst der Fremden zu bewirken. Nachdem er aber 19 Jahre lang Herrscher gewesen war, starb er. Nach diesem aber herrschte ein zweiter 44 Jahre lang, der Bnon hieß. Nach ihm ein anderer Apachinas 36 Jahre und 7 Monate lang. Danach aber auch Apophis 61 Jahre sowie Iannas 50 Jahre und 1 Monat.Nach allem aber auch Assis 49 Jahre und 2 Monate.Und diese waren ihre ersten sechs Herrscher, die immer heftiger begehrten die Wurzel Ägyptens auszureißen“.[196]

Erste Erklärung der Bezeichnung des Volkes
„Das ganze Volk aber hieß Hyksos, das heißt aber Hirtenkönige, denn das Hyk bedeutet in der heiligen Sprache König, das Sos aber heißt Hirt und Hirten, nach der allgemeinen Sprache und so entstand das zusammengesetzte Hyksos. Einige aber behaupten, es handelte sich um Araber.“

Zweite Erklärung der Bezeichnung des Volkes
In einer anderen Abschrift seien nicht Könige beschrieben mit der Bezeichnung Hyk, sondern im Gegenteil kriegsgefangene Hirten bezeichnet. Und dies scheint mir eher überzeugend und der alten Geschichte entsprechend zu sein.

Aufstand der ägyptischen Könige und Vertreibung aus Ägypten
„Diese vorher genannten Könige, die Könige der Hirten genannt wurden und ihre Nachkommen herrschten 511 Jahre über Ägypten, sagte er [sc.Manetho]“.[197]
(Nach dem Turiner Königspapyrus herrschten die Hyksos 108 Jahre über Ägypten, so dass die Zahl 511 Jahre maßlos übertrieben ist.)

„Danach aber seien die Könige von Theben und dem übrigen Ägypten, sagte er, gegen die Hirten aufgestanden und ein großer und langer Krieg sei ausgebrochen. Unter dem König aber, dessen Namen Misphramuthosis (wohl Thutmosis III, in Wirklichkeit jedoch Amasis) war, seien die Hirten besiegt worden, sagt er, und aus dem ganzen übrigen Ägypten zwar hinausgeworfen, an einem Ort aber eingeschlossen worden, der 10.000 Aruren Umfang hatte, der Name des Ortes sei Avaris gewesen. Diesen sagte Manetho, ganzen Ort hätten die Hirten mit einer hohen und starken Mauer umgeben, so dass sie alle ihren Besitz und ihre Beute an einem gesicherten Ort hatten. Der Sohn des Misphramuthosis aber, Thutmosis habe zwar versucht, die Stadt mittels einer Belagerung durch ein 480.000 Mann starkes Heer mit Gewalt zu erobern, bevor er die Mauern erstürmte, dann aber habe er die

Belagerung aufgegeben und mit ihnen Vereinbarungen getroffen, dass sie Ägypten verlassen und alle unversehrt weggehen könnten, wohin sie wollten.
Gemäß den Übereinkünften aber zogen sie mit ihren Familien und Besitztümern und zwar nicht weniger als 240.00 Personen von Ägypten aus durch die Wüste nach Syrien. Weil sie aber die Herrschaft der Assyrer fürchteten, denn damals herrschten jene über Asien, bauten sie in dem Land, das heute Judäa genannt wird, eine Stadt, die für so viele Tausend Menschen ausreichte, und nannten diese Jerusalem."[198]

(Die ägyptischen Quellen berichten von keinem Zusammenhang zwischen Hyksos und Jerusalem. Nach der Eroberung von Avaris durch Amosis haben die Hyksos sich nach Südpalästina in die Stadt Scharuhen zurückgezogen, die von den Ägyptern drei Jahre belagert wurde. Auch das Alte Testament behauptet nicht, die Israeliten haben Jerusalem gegründet, sondern sie wird Stadt der Jebusiter genannt, die von einem kanaanäischen Stadtkönig regiert wird, bis David sie erobert, seinem Besitz zuführt und zur Hauptstadt seines Großreiches macht (vgl. 2. Sam 5,6). Nach Hekataios von Abdera soll Moses Jerusalem gegründet haben, die Anzahl der Einwohner gab er mit 120.000 an. Um 1400 v. Chr. stand Jerusalem als kanaanäische Stadt unter ägyptischer Oberhoheit. Um 1000 v. Chr. wurde die Stadt nach der Eroberung durch David judäisch.)

Dritte Erklärung der Bezeichnung des Volkes

„In einem anderen Buch der 'Aigyptiaca' sagt Manetho jedoch, dass dieses Volk, das Hirten genannt werde, in den heiligen Büchern der Ägypter als Kriegsgefangene bezeichnet wird, womit er recht hat, denn auch bei unseren ältesten Vorverfahren war das Hirtesein üblich, und sie führten ein Nomadenleben, so dass sie Hirten genannt wurden.
Kriegsgefangene wiederum sind sie nicht grundlos von den Ägyptern genannt worden, weil ja unser Ahnherr Josef von sich selbst zum König von Ägypten sagte, er sei Kriegsgefangener und die Brüder später nach Ägypten holen ließ, nachdem es der König erlaubt hatte. Aber über diese Dinge will ich an anderer Stelle eine genaue Untersuchung vornehmen".[199]

Das dritte Zitat

Einführung des Zitats

„Jetzt aber führe ich die Ägypter als Zeugen für dieses hohe Alter an, nun werde ich die Worte Manethos die zeitliche Ordnung betreffend wörtlich zitieren. Er sagte aber Folgendes:
Nachdem das Volk der Hirten abgezogen war aus Ägypten nach Jerusalem, danach herrschte der König Tethmosis, der sie aus Ägypten vertrieben hatte, noch 25 Jahre und 4 Monate und starb und sein Sohn Chebron übernahm die Herrschaft für 13 Jahre.

Nach ihm herrschte Amenophis 20 Jahre und 7 Monate. Dessen Schwester Amesses aber herrschte 21 Jahre und 9 Monate. Deren Sohn Mephres aber herrschte 12 Jahre und 9 Monate. Dessen Sohn Mephramuthosis aber herrschte 25 Jahre und 10 Monate. Dessen Sohn Thutmosis aber herrschte 9 Jahre und 8 Monate. Dessen Sohn Amenophis aber herrschte 30 Jahre und 10 Monate. Dessen Sohn Oros aber herrschte 36 Jahre und 5 Monate. Dessen Tochter Akencheres aber herrschte 12 Jahre und 1 Monat, ihr Bruder Rathotis aber herrschte 9 Jahre.
Dessen Sohn Akencheres aber herrschte 12 Jahre und 5 Monate. Dessen Sohn Akencheres II. aber herrschte 12 Jahre und 3 Monate. Dessen Sohn Harmmais aber herrschte 4 Jahre und 1 Monat. Dessen Sohn Ramesses aber herrschte 1 Jahr und 4 Monate. Dessen Sohn Harmesses Miaamun aber herrschte 66 Jahre und 2 Monate. Dessen Sohn Amenophis aber herrschte 19 Jahre und 6 Monate.
Dessen Sohn Sethos aber, der auch Ramesses hieß, hatte eine Reiter- und eine Seemacht und setzte seinen Bruder Harmais als Verwalter Ägyptens ein, verlieh ihm jede andere königliche Macht, allein ein Diadem fortwährend zu tragen, verbot er ihm sowie die Königin, die Mutter der Kinder ungerecht zu behandeln und sich an den königlichen Nebenfrauen zu vergreifen.
Er selbst aber unternahm einen Feldzug gegen Zypern und Phönizien und wiederum gegen Assyrer und Meder und unterwarf sie alle, die einen mit Waffengewalt, die anderen aber kampflos, durch die Angst nämlich vor seinem großen Heer, und weil er durch seine Erfolge ermutigt war, marschierte er noch kühner und unterwarf die Städte und Ortschaften im Osten.
Und als einige Zeit vergangen war, machte der in Ägypten zurückgelassene Harmais alles ohne Scheu, das Gegenteil von dem was der Bruder ihn ermahnt hatte, nicht zu tun, er nahm nämlich die Königin mit Gewalt und gebrauchte ständig und schonungslos die Nebenfrauen, überredet aber von seinen Freunden trug er fortwährend ein Diadem und erhob sich gegen den Bruder.
Der Aufseher aber über die Priester Ägyptens schrieb einen Brief und schickte ihn an Sethos, ihm alles mitteilend, auch dass sein Bruder Harmais sich gegen ihn erhob. Sogleich nun kehrte er zurück nach Pelusium und nahm sein eigenes Reich wieder in Besitz."[200]

Erklärung des Namens des Landes

„Das Land aber wurde nach ihm Ägypten genannt; es heißt nämlich, dass Sethos Aigyptos genannt wurde, sein Bruder Harmais aber Danaos."[201]

Berechnung der Zeitdauer von Tethmosis bis Danaos

„Dieses schreibt zwar Manetho. Klar aber ist, wenn man aus den genannten Jahren die Zeitdauer errechnet, dass die sogenannten Hirten, unsere Vorfahren aber, 393 Jahre eher aus Ägypten weggingen und dieses Land besiedelten, als Danaos nach Argos kam; gleichwohl halten die Argeier diesen für den Ältesten."[202]

Schlussfolgerungen aus den Manetho Zitaten

„Zwei überaus wichtige Dinge hat uns Manetho demnach aus den ägyptischen Schriftstücken bezeugt: erstens die Ankunft der Juden von außerhalb in Ägypten, zweitens den Abzug von dort in so alter Zeit, dass er fast 1000 Jahre vor dem Trojanischen Krieg stattfand.“[203]

Verweis auf weitere Manetho Zitate

„Über diese Dinge hinaus hat Manetho nichts aus den ägyptischen Schriftstücken, sondern wie er selbst einräumt, aus den anonymen Legenden ergänzt; später werde ich sie der Reihe nach widerlegen und erklären, wie unglaubwürdig seine Lügen sind.“[204]

2. Zitate aus den „Aigyptiaka“ des Manetho, die Aussätzigen-und Vertreibungsgeschichte

Der Wunsch des Königs Amenophis

„Nachdem er (Manetho) nun eingeräumt hat, dass unsere Vorfahren um so viele Jahre früher aus Ägypten ausgezogen sind, fügt er sodann den Amenophis als eingeschobenen König ein und sagt, dieser habe die Götter schauen wollen.wie Or (Horus) einer der Herrscher vor ihm und diesen Wunsch vor Amenophis (wohl des weisen Amenophis, Sohn des Hapu), der sein Namensvetter und ein Sohn des Paapios war, gebracht; der, weil er Weisheit besaß und die Zukunft voraussah, an der göttlichen Natur Anteil zu haben schien. Dieser Namensvetter nun habe ihm gesagt, dass er die Götter sehen könne, wenn er das ganze Land reinige von Aussätzigen und anderen unreinen Menschen.“[205]

(Hinter diesem Wunsch Amenophis III. stand offenbar eine Mangelsituation. Die Götter hielten sich verborgen und verweigerten ihren Anblick, die Kultbilder waren verschwunden, die normale kultische Inszenierung und Institutionalisierung des göttlichen Anblicks waren blockiert. Dabei wird offenbar vorausgesetzt, was sich dann als Folge der Rebellion der Aussätzigen wirklich einstellt: die Zerstörung der Kultbilder und die Schließung der Kulte. Denn die Rebellion der Aussätzigen richtete sich in erster Linie gegen die Götter. Ihr Kult wurde verboten, ihre Speisetabus werden systematisch durchbrochen. Amenophis III. brachte als Erstes die Götterbilder und die heiligen Tiere in Sicherheit. Die Grausamkeiten der Rebellen betrafen vor allem die Tempel, Kultbilder und heiligen Tiere und damit die traditionelle Götterwelt. Die bei Manetho beschriebene Situation entsprach der gleichen Situation, die unter Amenophis III. Sohn und Nachfolger Amenophis IV. – Echnaton tatsächlich auch eintreten sollte. Die vollständige Zerstörung der traditionellen Götter zugunsten des von Echnaton verehrten Gottes Aton. Manetho beschrieb damit durch eine Vorhersage des Amenophis III. die dann nur Jahre später nach der Thronbesteigung Amenophis IV. eintretende und später mit „Finsternis bei Tage“ treffend beschriebene Situation unter Echnaton. Zu dieser Zeit

sind die Götter unsichtbar geworden, sie haben sich von Ägypten abgewandt. Die historischen Ereignisse, die der Geschichte vorlagen, waren die Wirren der Amarnazeit. Erst Haremhab gelang es die Ordnung im Land wiederherzustellen. Insoweit wurde in den offiziellen Königslisten Haremhab als legitimer Nachfolger Amenophis III. dargestellt. Ihm wurden die Regierungszeiten seiner vier Vorgänger Amenophis IV. (Echnaton), Semench-Ka-Re, Tutanchamun und Eje zugerechnet und deren Andenken damit ausgelöscht.
Unter den Unreinen sind die Anhänger Echnatons zu verstehen. Sie hießen Unreine, weil sie nicht der herkömmlichen Religion anhingen und wahrscheinlich sogar die heiligen Tiere getötet und gegessen haben. Später, nachdem die Anhängerschaft nach dem Tod Echnatons verschwunden war und in Form einer *damnatio memoriae* negiert worden sind, wurden die Juden auf eine Stufe mit den Anhängern Echnatons und seiner Aton-Religion gesetzt und damit zu den Unreinen. Unabhängig davon gab es zu Zeiten Echnatons an Aussatz erkrankte Ägypter, die aus der Gesellschaft ausgeschlossen und als Gefahr angesehen wurden).
Weiter heißt es zu diesen Ereignissen in den Vorwürfen des Manetho:

„Erfreut habe der König alle körperlich Verstümmelten aus Ägypten zusammenführen lassen, es sei aber eine Menge von 80.000 Menschen gewesen und diese habe er in die östlich des Nils gelegenen Steinbrüche bringen lassen, damit sie arbeiteten und von den übrigen Ägyptern getrennt seien.“[206]
(Bei den körperlich Verstümmelten soll es sich nach der Vorstellung Manethos um die Anhänger Echnatons und Atons gehandelt haben, die durch das Verbringen in die Steinbrüche für die falsche religiöse Anschauung bestraft und gleichzeitig vom übrigen ägyptischen Volk separiert werden sollten, um ihren Irrglauben auszulöschen).

„Unter ihnen seien aber auch einige mit Aussatz behaftete Priester gewesen sein, sagte er (sc. Manetho). Jener Amenophis aber, der weise und weissagende Mann habe für sich selbst und den König den Zorn der Götter befürchtet, wenn sie sähen, dass ihnen Gewalt angetan würde. Und er habe hinzugefügt, dass sich irgendwelche andere mit den Unreinen verbünden und 13 Jahre über Ägypten herrschen würden, aber nicht gewagt, dies dem König selbst zu sagen, und daher einen Brief über alles hinterlassen und sich selbst getötet; mutlos aber sei da der König geworden.“[207]

Aufstand der Aussätzigen
„Und daraufhin schrieb er wörtlich folgendes: Nachdem sie sich aber geraume Zeit in den Steinbrüchen abgemüht hatten, ließ sich der König erbitten, für sie einen Aufenthaltsort und Wohnsitz auszuwählen und überließ ihnen die einst von den Hirten verlassene Stadt, es ist aber dem Mythos entsprechend von jeher die Stadt des Typhon (Seth).

Nachdem sie aber die Stadt betreten und diesen Ort zum Aufstand zur Verfügung hatten, setzten sie einen Priester aus Heliopolis mit Namen Osarsiphos zu ihrem Anführer ein und diesem schworen sie einen Eid, dass sie ihm in allem gehorchen würden".[208]
(Osarsiphos wird in einer später hinzugesetzten Erläuterung mit Moses gleichgesetzt. Soweit Moses in diesem Zusammenhang als Priester aus Heliopolis bezeichnet wurde, wurde er mit dem dort verehrten Sonnengott Re und auch mit Aton als dessen Erscheinungsform und damit auch mit Echnaton in Zusammenhang gebracht. Diese Stelle kann deshalb als ein wichtiges Verbindungsglied zwischen Echnaton und Moses und insbesondere als Indiz für die These Sigmund Freuds angeführt werden, der Moses für einen unmittelbaren Anhänger Echnatons und seines Aton-Kultes hält. Offen bleibt, von wem diese Ergänzung und die These gemacht worden sind und zu welcher Zeit dieser Osarsiphos gelebt haben soll; nach der Darstellung Josephus zumindest zu einer Zeit, zu der der es noch Anhänger der Aton-Religion gab, also unmittelbar nach dem Ableben Echnatons).

In den Vorwürfen des Manetho heißt es weiter über Osarsiphos:

„Er gab ihnen als erstes das Gesetz, weder die Götter anzubeten, noch auf eines der in Ägypten am meisten verehrten heiligen Tiere zu verzichten, alle aber als Opfer darzubringen und zu vernichten und mit niemanden in enge Verbindung zu treten außer mit den Eidgenossen.
Nachdem er aber diese und sehr viele andere Gesetze erlassen hatte, die sich in starkem Widerspruch zu den ägyptischen Sitten befanden, befahl er, die Mauern der Stadt mit Hilfe einer großen Anzahl an Arbeitskräften wiederherzustellen und sich für den Krieg gegen den König Amenophis bereitzumachen. Er selbst aber, nachdem er auch die anderen ebenfalls unreinen Priester auf seine Seite gebracht hatte, schickte Gesandte zu den von Thutmosis vertriebenen Hirten, d.h. die Hyksos in eine Stadt, die Jerusalem hieß, legte den Einwohnern das ihm und den anderen Entehrten Widerfahrene dar und bat sie gemeinsam mit ihnen gegen in Ägypten ins Feld zu ziehen.
Er versprach ihnen zum einen, sie zuerst nach Avaris, der Stadt ihrer Vorfahren hinzuführen und das für die Menschenmengen Erforderliche im Überfluss bereitzustellen, zum anderen dafür zu kämpfen, wenn es nötig wäre, dass auch das Land Ägypten ihnen leicht untertan würde."[209]

Die Maßnahmen des Königs

„Sie aber waren hocherfreut, und alle 200.000 Mann brachen bereitwillig mit auf und nach kurzer Zeit kamen sie nach Avaris. Amenophis aber, der König der Ägypter, als er von ihrem Angriff erfuhr, erschrak nicht wenig, denn er erinnerte sich an die Prophezeiung des Amenophis, des Sohnes des Paapios. Und nachdem er zuerst eine Menge Ägypter versammelt und sich mit ihren Anführern beraten hatte, ließ er die heiligen Tiere, die in höchstem Maße in den Tempeln verehrt wurden, zu sich holen und befahl überall den Priestern, die Götterbilder auf das Sicherste zu verstecken. Seinen Sohn Sethos aber, der nach seinem Vater Rapses, auch Ramesses (es handelte sich um Ramses I., den Vater Sethos I.) genannt wurden und fünf Jahre alt war, brachte er zu seinem eigenen Freund (wohl der König von Äthiopien). Er selbst aber überquerte den Nil mit den übrigen Ägyptern, ungefähr 300.000 der kriegerichsten Männer, den Feinden aber, mit denen er zusammentraf, lieferte er keine Schlacht, sondern weil er glaubte, gegen die Götter kämpfen zu müssen, kehrte er um, kam nach Memphis, nahm den Apis und die übrigen dorthin geschickten heiligen Tiere und machte sich sogleich auf nach Äthiopien, zusammen mit dem ganzen Heer und der Menge der Ägypter, denn der König der Äthiopier war ihm zu Dank verpflichtet. Und dieser nahm auch die ganze Menschenmenge gastlich auf und versorgte sie mit dem für die menschliche Ernährung Notwendigen, was das Land bot, und mit Städten und Ortschaften, die für die vorherbestimmten 13 Jahre des Verlustes seiner, d.h. des ägyptischen Königs Amenophis Herrschaft ausreichend waren; ebenfalls aber gab er ihnen auch ein äthiopisches Heer bei, das er zum Schutz für die Leute des Amenophis an den Grenzen nach Ägypten stationierte“.[210]

Herrschaft und Vertreibung der Fremdherrscher

„Und das geschah in Äthiopien. Die Solymeter aber, die mit den unreinen Ägyptern herabkamen, benahmen sich so ruchlos gegenüber den Menschen, dass im Vergleich dazu die Herrschaft der Hyksos den Zeugen dieser Freveltaten wie das Herrlichste erschien. Denn sie zündeten nicht nur Städte und Dörfer an und begnügten sie auch nicht damit, Tempel auszurauben und Götterbilder zu vernichten, sondern sie gebrauchten auch die Heiligtümer als Orte zum Braten der von den Ägyptern verehrten heiligen Tiere, zwangen die Priester und Propheten diese Tiere zu opfern und zu schlachten und warfen sie dann nackt hinaus. Es heißt aber, dass der Priester, der für sie die Staatsverfassung und die Gesetze entworfen hatte, aus Heliopolis stammte und nach dem in Heliopolis verehrten Gott Osiris Osarsiph hieß, als er überging zu diesem Volk, wurde sein Name geändert und er wurde Moses genannt. Was zwar nun die Ägypter berichten über die Juden, ist dieses und anderes mehr, was ich beiseite gelassen habe um der Kürze willen. Manetho aber sagte wiederum, dass Amenophis nach diesen Ereignissen herbeikam von Äthiopien mit seinem großen Heer, dass sein Sohn Rampses auch selbst ein Heer hatte und dass die beiden gegen die Hirten und die Unreinen kämpften, sie besiegten und sie, nachdem sie viele getötet hatten, bis an die Grenzen Syriens verfolgten.“[211]

Wiedergabe und Widerlegung der Berichte Manethos

„Dieses zwar und Ähnliches schreibt Manetho. Dass er aber ein Schwindler ist und offenkundig lügt, werde ich beweisen, wobei ich jenes vorausschicke wegen

der Dinge, die ich später gegen andere vorbringen werde. Dieser hat uns nämlich zugestanden und von Anfang an eingeräumt, dass wir nicht der Abstammung nach Ägypter sind und wieder von dort weggegangen sind.
Das aber die körperlich Verstümmelten der Ägypter sich später nicht mit uns vermischt haben und dass Mose, der das Volk führte, nicht einer von diesen war, sondern dass er viele Generationen früher lebte, bin ich durch das von ihm (sc.Manetho) selbst Gesagte zu beweisen bestrebt.“[212]

Der Wunsch des Königs Amenophis: Wiedergabe und Widerlegung
„Zunächst wird einmal der Dichtung eine lächerliche Voraussetzung zugrundgelegt. Der König Amenophis nämlich, sagte er, habe begehrt, die Götter zu sehen. Welche? Wenn zwar die bei ihnen gesetzlich verordneten Götter gemeint sind, der Stier und der Bock und Krokodile und Hundsaffen, so sah er sie sowieso. Aber wenn die himmlischen Götter gemeint sind, wie hätte er sie sehen können? Und warum hatte er diesen Wunsch? Weil ja bei Zeus, auch ein anderer König vor ihm sie gesehen hatte. Von jenem nun hatte er doch auch erfahren, welcher Art sie sind und wie man sie sehen kann, sodass eine neue Technik für ihn nicht nötig war.
Aber weise war der Seher, durch den der König hoffte, dies zu vollbringen. Warum also wusste er nicht vorher, dass des Königs Wunsch unmöglich zu erfüllen war? Denn er hat sich nicht erfüllt. Welchen Grund aber hatte er zu behaupten, dass die Götter wegen der Verstümmelten oder Aussätzigen unsichtbar waren? Sie waren nämlich zornig aufgrund von Freveltaten, nicht aufgrund von körperlichen Mängeln. Aber 80.000 Aussätzige und in schlechtem Zustand sich Befindende, wie war es möglich, sie an etwa einem Tag zu versammeln? Warum aber gehorchte der König dem Seher nicht? Denn der hatte ihn zwar aufgefordert, die Verstümmelten aus Ägypten zu verbannen; er aber schickte sie in die Steinbrüche, als ob er die Arbeiter brauchte, nicht aber vorhabe, das Land zu reinigen.
Er (Manetho) sagte aber, dass der Seher zwar den Zorn der Götter und die Folgen für Ägypten vorausgesehen und sich deshalb selbst getötet, dem König aber eine schriftliche Weissagung hinterlassen habe. Aber: Warum wusste der Seher nicht von Anfang an seinen eigenen Tod voraus? Warum aber hat er nicht sogleich dem König widersprochen, als er die Götter zu sehen wünschte? Wie vernünftig aber ist die Furcht vor zukünftigem Unglück, das nicht mehr zu seinen Lebzeiten auftreten wird? Oder konnte er noch Schlimmeres erleiden, dass er eilte, sich selbst zu töten? Aber vollends das Törichste von allem werden wir noch sehen.“[213]

Der Aufstand der Aussätzigen
„Denn nachdem er (sc. der König) dies erfahren hatte und wegen der Zukunft besorgt war, vertrieb er jene Verstümmelten, von denen Ägypten zu reinigen ihm befohlen war, daraufhin selbst dann noch nicht aus dem Land, sondern gab ihnen

die erbetene Stadt, wie er (Manetho) sagt, die vormals von den Hirten bewohnt worden war und Avaris hieß.
Nachdem sie sich in ihr versammelt hatten, sagte er (sc. Manetho) haben sie sich als Anführer einen von den ehemaligen Priestern aus Heliopolis ausgewählt, und dieser habe sie angeleitet, sich weder vor den Göttern niederzuwerfen noch auf die in Ägypten verehrten Tiere zu verzichten, sondern alle als Opfer darzubringen und zu essen, mit niemandem aber in eine enge Verbindung zu treten außer mit den Eidgenossen; nachdem er sowohl die Menge durch Eide gebunden hatte, gewiss an diesen Gesetzen festzuhalten, als auch Avaris mit einer Mauer befestigt hatte, habe er gegen den ägyptischen König Krieg geführt. Und er (sc. Manetho) fügt hinzu, dass er nach Jerusalem geschickt und jene gebeten habe, mit ihnen zusammen zu kämpfen, wobei er ihnen versprochen habe, ihnen Avaris zu geben, denn sie sei die Stadt der Vorfahren der aus Jerusalem Ankommenden, von der sie ausrückend ganz Ägypten erobern würde."[214]

Die Maßnahmen des Königs

„Dann sagte er, dass sie zwar mit einem 200.000 Mann starken Heer herbeigekommen seien, dass aber Amenophis, der König der Ägypter, der dachte, er sollte nicht gegen die Götter kämpfen, sogleich nach Äthiopien geflohen sei, den Apis aber und einige der anderen heiligen Tiere habe er in die Obhut der Priester gegeben, wobei er ihnen befohlen habe, sie zu schützen."[215]

Herrschaft und Vertreibung der Fremdherrscher

„Dann berichtet er, dass die herbeigekommenen Jerusalemer, sowohl die Städte zerstört als auch die Tempel niedergebrannt als auch die Priester umgebracht hätten; insgesamt hätten sie sich von keinem Frevel und von keiner Grausamkeit ferngehalten. Er sagt, dass aber der Priester, der für sie die Staatsverfassung und die Gesetze entworfen hat, ein Priester aus Heliopolis mit dem Namen Osarsiph nach dem in Heliopolis verehrten Gott Osiris benannt gewesen sei,nachdem er aber seinen Namen geändert hatte, nannte er sich selbst Moses. Er sagt aber, Amenophis sei nach 13 Jahren, denn eine so große Zeitspanne war ihm für den Verlust des Thrones vorherbestimmt gewesen, aus Äthiopien herbeigekommen mit einem großen Heer, habe gegen die Hirten und die Aussätzigen gekämpft und sie sowohl im Kampf besiegt als auch viele getötet, bevor er sie an die Grenzen Syriens verfolgt habe."[216]

Der Aufstand der Aussätzigen

„Bei diesen Dingen bemerkte er wiederum nicht, wie unglaubwürdig seine Lügen sind. Selbst wenn die Aussätzigen nämlich und ihre Verbündeten auch früher zornig auf den König gewesen waren und auf die, die sie der Vorhersage des Sehers entsprechend behandelt hatten, so dürften sie doch wohl, als sie die Steinbrüche verließen und die Stadt und das Land von ihm entgegennahmen, sicherlich

freundlicher ihm gegenüber gestimmt gewesen sein. Wenn sie aber jenen auch wirklich hassten, so dürfen sie zwar wohl ihm allein nach dem Leben getrachtet, nicht aber gegen alle Ägypter einen Krieg begonnen haben, offenkundig ist, dass sie bei ihrer großen Anzahl sehr viele Verwandte unter den Ägyptern hatten. Doch selbst wenn sie den Plan gefasst hätten, gegen die Menschen Krieg zu führen, so dürften sie es wohl nicht gewagt haben, gegen ihre eigenen Götter zu kämpfen, indem sie Gesetze aufstellten, die zu denen ihre Väter, mit denen sie aufgewachsen waren, so sehr im Widerspruch standen. Wir müssen aber Manetho dankbar sein, dass er sagt, dass dieser Gesetzwidrigkeit Urheber nicht die aus Jerusalem gekommenen waren, sondern dass jene, die selbst Ägypter, und am meisten ihre Priester darauf verfallen waren und die Menge durch Eid verpflichtet hätten. Wie ist denn jenes nicht vernunftswidrig, dass zwar keiner von den Verwandten und Freunden sich an ihrem Abfall beteiligt und auch nicht die Gefahr des Krieges mit ihnen zusammen auf sich genommen haben, dass aber die Unreinen nach Jerusalem geschickt und von dort her sich Bundesgenossen zu Hilfe geholt hätten.
Welche Art Freundschaft oder Verwandtschaft verband sie denn bereits mit den Jerusalemern. Sie waren nämlich im Gegenteil Feinde und sehr stark verschieden aufgrund ihrer Sitten. Er (sc. Manetho) sagt, sie hätten sich auf das bloße Versprechen Ägypten einzunehmen, hin, den Unreinen sogleich angeschlossen, als ob sie das Land nicht sehr genau gekannt hätten, aus dem sie mit Gewalt vertrieben worden waren.
Wenn sie nun aber in bedrängter oder schlimmer Lage gewesen wären, wären sie vielleicht ein Risiko eingegangen, sie bewohnten aber eine gesegnete Stadt und waren Nutznießer eines großen Landes, das fruchtbarer ist als Ägypten; warum sollten sie sich denn nur für Menschen, die zum einen schon seit langer Zeit ihre Feinde waren und zum anderen körperlich so verstümmelt, dass sie nicht einmal einen ihrer Angehörigen bei ihnen zurückblieb, in Gefahr begeben wollen, um ihnen zu Hilfe zu kommen? Denn gewiss konnten sie nicht die zukünftige Flucht des Königs voraussehen. Denn im Gegenteil hatte er (sc. Manetho) selbst gesagt, dass der Sohn des Amenophis 300.000 Mann hatte und ihm nach Pelusium entgegenzog. Und dies wussten zwar die dort Eintreffenden durchaus, seine Sinnesänderung aber und die Flucht, woher hätten sie sie erahnen können."[217]

Herrschaft und Vertreibung der Fremdherrscher

„Sodann sagte er, die Angreifenden aus Jerusalem hätten, als sie über Ägypten herrschten, viel Grauenvolles getan, und wegen dieser Dinge schimpfte er, gleich, ob er sie nicht als Feinde eingeführt hätte oder als ob es nötig wäre, den von außerhalb zu Hilfe gerufenen Vorwürfe für etwas zu machen, was die gebürtigen Ägypter selbst auch schon vor der Ankunft jener getan und geschworen hatten, auch weiterhin zu tun. Aber einige Zeit später sei Amenophis herbeigekommen, habe im Kampf gesiegt und die Feinde mordend bis nach Syrien verfolgt. Denn so ist alles in allem Ägypten leicht zu erobern für die Angreifer, woher auch immer in der Welt sie kommen. Und als die Jerusalemer und die Unreinen, die damals durch den Krieg Herrscher über das Land wurden, erfuhren, dass Amenophis noch lebte, sicherten sie weder die Einfallstellen von Äthiopien her, obwohl sie dafür viele Kriegsmittel besaßen, noch hielten sie überhaupt ein Heer bereit; er (Amenophis) aber habe sie bis nach Syrien mordend, sagte er, durch die wasserlose Wüste verfolgt, obwohl klar ist, dass sie nicht leicht, selbst für ein nicht im Kampf sich befindendes Heer zu durchziehen ist. Jedenfalls stammt Manetho zufolge weder unser Volk aus Ägypten noch vermischten sich einige von dorther mit ihm, denn von den Aussätzigen und Kranken sind viele zwar wahrscheinlich in den Steinbrüchen gestorben, nachdem sie lange Zeit dort gewesen waren und Schlimmes erduldet hatten, viele aber während der späteren Schlachten, die meisten aber in der letzten Schlacht und auf der Flucht."[218]

Der Gesetzgeber

„Es bleibt mir übrig, gegen ihn (sc. Manetho) etwas bezüglich Moses zu sagen. Diesen aber halten die Ägypter zwar für einen bewundernswürdigen und gottgesandten Mann, sie wollen ihn aber für sich beanspruchen mit der unglaublichen Verleumdung, indem sie behaupten, er sei einer der Priester aus Heliopolis, der aufgrund des Aussatzes zusammen mit ihnen von dort vertrieben worden sei.

Es ist aber bewiesen durch die Aufzeichnungen, dass er 518 Jahre früher gelebt und unsere Väter herausgeführt hat aus Ägypten in das Land, das heute von uns bewohnt wird."[219]

(Für Manetho haben die beiden Ereignisse Vertreibung der Hyksos (Hirten) unter Thutmosis sowie die Vertreibung der Aussätzigen und der Nachkommen der Hirten aus Jerusalem unter Amenophis und seinem Sohn Sethos/Rameses nichts miteinander zu tun. Für Flavius Josephus, der die Hyksosgeschichte mit der Aussätzigengeschichte vermischte, ergibt sich jedoch daraus ein Problem, weil Moses dann nicht 518 Jahre später gelebt haben kann. Der einzige Ausweg für Josephus bestand darin, dass er die Geschichte Manethos als unwahr bezeichnet. Manetho selbst hat Moses niemals mit der Vertreibung der Hyksos erwähnt).

„Dass er aber auch nicht an irgendeinem derartigen körperlichen Gebrechen litt, ist durch das von ihm (sc. Moses) selbst Gesagte offenkundig. Den Aussätzigen befahl er nämlich weder in der Stadt zu bleiben noch im Dorf sich anzusiedeln, sondern allein umherzugehen mit zerrissenen Kleidern; auch wer sie berührt oder unter einem Dach mit ihnen wohnt, gilt nicht mehr als rein.

Und sogar für den Fall, dass die Krankheit geheilt wird und er seine Gesundheit zurückerhält, ordnete er (sc. Moses) einige Reinigungen durch Waschungen mit Quellwasser und Schneiden jeglichen Haars an, und viele und mannigfaltige Opfer darzubringen, befahl er, ehe er (sc. der Kranke) sich in die heilige Stadt begab. Und gleichwohl wäre es im Gegenteil wahrscheinlich dass, wenn er an diesem Gebrechen gelitten, er etwas Fürsorge und Mitgefühl sich bedient hätte für seine

Leidensgenossen. Nicht allein aber bezüglich der Aussätzigen erließ er solche gesetzlichen Bestimmungen, sondern selbst den am unbedeutendsten Teil des Körpers Verstümmelten gestand er nicht zu, Priester zu werden, sondern sogar wenn jemand, während er Priester war, von einem solchen Gebrechen getroffen worden wäre, hätte er ihn seiner Priesterwürde enthoben. Wie soll es nun wahrscheinlich sein, dass jener derartige gesetzliche Bestimmungen verordnete oder dass die von derartigen Gebrechen Zusammengeführten sie annahmen und gegen sich selbst zur Schande und zum Nachteil Gesetze erließen? Ferner aber hat er (sc. Manetho) auch sehr unglaubhaft den Namen geändert: Denn Osarsiphos, sagt er, habe er geheißen. Dies passt zwar nun nicht zur ethymologischen Ableitung, der wirkliche Name aber bedeutet: "der aus dem Wasser Gerettete", denn Wasser nennen die Ägypter moy".[220]

Ergebnis (nach Flavius Josephus):
„Ausreichend meine ich, ist nun deutlich geworden, dass Manetho zwar, solange er den alten Aufzeichnungen folgte, nicht weit von der Wahrheit abwich, sobald er sich aber den anonymen Berichten zuwandte, arbeitete er sie entweder selbst in unglaubwürdiger Weise aus oder er glaubte einigen, die sie aus Hass erzählten."[221]

Schrifttum

C. Aldred, Akhenaten, Pharao of Egypt, London 1968

ders. Echnaton, Gott und Paharao Ägyptens, Bergisch-Gladbach 1968

ders. Akhenaten and Nefertiti, New York 1973

A. Assmann, Stabilisatoren der Erinnerung-Affekt, Symbol, Trauma in dies. Erinnerungsräume. Medien und Modelle des kulturellen Gedächtnisses, München 1998

J. Assmann, Moses der Ägypter, München/Wien 1998

ders., Herrschaft und Heil, München/Wien 2000

ders., Monotheismus und Kosmotheismus

ders., Ägyptische Hymnen und Gebete, München 1975

ders., Die „loyalistische Lehre“ Echnatons, in: Studien zur Altägyptischen Kultur 8 (1980), S.1-32

ders., Ägypten. Theologie und Frömmikeit einer frühen Hochkultur, Stuttgart/Berlin/Köln 1991

ders., Die Mosaische Unterscheidung oder der Preis des Monotheismus, München/Wien 2003

ders., Religion und kulturelles Gedächtnis. Zehn Studien, München 2000a

ders., Echnaton, Tutanchamon und Moses. Ägypten im kulturellen Gedächtnis des Abendlandes, in: Mythos Tutachamun, hrsg. V. W. Wettengel, Nördlingen 2000c, S. 62-72

ders., Weisheit und Mysterium. Das Bild der Griechen von Ägypten, München 2000d

Ausstellungskatalog, Nofretete-Echnaton im Haus der Kunst München 17.1.-21.3.1976

P. Aziz, Moise et Akhenaton, Les enigmes de l´univers, Paris 1980

Beckerath, Jan von, Abriss der Geschichte Ägyptens, München 1971

M. Bietak, Avaris the Capital of the Hyksos : Recent Excavations at Tell el- Daba, London 1996

E. Bille-de Mot, Die Revolution des Pharao Echnaton, München 1965

A.M. Blackman, Middle Egyptian Stories, Brüssel 1972

W. Boochs, Ägypten und die Bibel, Langwaden 1999

L. Borchardt/H. Ricke, Die Wohnhäuser in Tell el- Amarna, Wissenschaftliche Veröffentlichung der Deutschen Orient- Gesellschaft 91, Berlin 1980

J.H. Breasted, Hstory of Egypt (1906)

ders. Geschichte Ägyptens Zürich 1936

H. Brunner, Die Geburt des Sonnenkönigs. Studien zur Überlieferung eines altägyptischen Mythos, Wiesbaden 1986

J. Budka, Die Kunst der Amarnazeit, Kemet 1/2002, S. 36-43

N.de G. Davies, The Rock Tombs of El Amarna, Band 1-6; Memoir of the Archaelogical Survey of Egypt 13-18, London 1903-1908

A. Erman, Die Literatur der Aegypter, Leipzig 1923

H. Frankfort/J.D. Pendlebury, The City of Akhenaten Band 2, The North Suburb and the Desert Altars, Memoir of the Egypt Exploration Society 40, London 1933

I.Finkelstein/N.A. Silberman, Keine Posaunen vor Jericho 4. Aufl. München 2007

E.S. Frerichs/H.L. Lesko, Exodus. The Egyptian Evidence, Winona Lake 1997

S. Freud, Der Mann Moses und die monotheistische Religion 15. Aufl. Frankfurt/Main 2009

R.E. Friedman, Wer schrieb die Bibel? Köln 2007

A. Funkenstein, Perceptions of Jewish History, Berkeley 1993
A.H. Gardiner, Late Egyptian Stories, Brüssel 1932
C. Gerber, Ein Bild des Judentums für Nichtjuden von Flavius Josephus, Leiden 1997
J.C. Gertz, Grundinformation Altes Testament, Göttingen 2006
F. Giles, Echnaton. Legend and History, London 1970
R. Gmirkin, Berossus and Genesis, Manetho and Exodus, New York 2006
H. Goedicke, The Canaanite Illness in Studien zur altägyptischen Kultur 11(1984) S. 91-105
Ders., The End of the Hyksos in Egypt,in: L.H. Lesko, Egypt, Studies in Honor of Richard A. Parker, Hannover- London 1986 S. 37-47
ders., The Quarrel between Apophis and Sequenenre, San Antonio 1986
M. Görg, Die Beziehungen zwischen dem alten Israel und Ägypten, Darmstadt 1997
W. Grajetzki, Lebensdaten zur königlichen Familie am Ende der 18. Dynastie, Kemet 2002, S. 15-18
A. Grimm, Joseph und Echnaton. Thomas Mann und Ägypten, Mainz 1992
W.D. Hartwich, Die Sendung Moses. Von der Aufklärung bis Thomas Mann, München 1997
Hekataios von Abdera, Aigyptiaka, apud Diodor, Bibl.Hist XI
W. Helck, Untersuchungen zu Manetho und den ägyptischen Königslisten, Berlin 1956
Ders. Die Lehre des Djedefhor und die Lehre eines Vaters an seinen Sohn, Wiesbaden 1984
G. Höher-Kamel, Unter den Strahlen des Aton, Zur Geschichte der Amarnazeit, Kemet 2002, 5-14
E. Hornung, Echnaton. Die Religion des Lichtes, Zürich 1995
Ders. Grundzüge der ägyptischen Geschichte, Darmstadt 1965
C. Jacq, Nofretete und Echnaton. Ein Herrscherpaar im Glanz der Sonne, Reinbeck 2000
Josephus Flavius, Kleinere Schriften, übersetzt von H. Clementz (1901) Nachdruck Wiesbaden 1995
H. Kees, Herihor und die Aufrichtung des thebanischen Gottesstaates. Nachrichten von der Gesellschaft der Wissenschaften zu Göttingen. NF (1936) Bd. II Nr. 1
W. Keller, Und die Bibel hat doch recht, Hamburg 1964
B.J. Kemp, Amarna Report I-IV, Egypt Exploration Society, Occasional Publications 1-3 und 5 London 1984-1987
ders., The Amarna Expedition 2005, in: The Akhenaten Sun 1/2006, 2-10
K.A. Kitchen, Ramesside Inscriptions, Historical and Biographical, Oxford
R. Krauss, Das Ende der Amarna Zeit, Hildesheim 1978
ders. Zur Chronologie der Nachfolge Achenatens, MDOG 129(1997) S. 225-250
ders. Akhenaten: Monotheist ? Polytheist ?. The Bulletin of the Australian Centre for Egyptolgy 11(2000) S.93-101
D. Labow, Flavius Josephus „Contra Apionem“, Stuttgart 2005
K. Lange, König Echnaton und die Amarnazeit, Die Geschichte eines Gottkünders, München 1951
L.G. Leeuwenburg, Echnaton, Den Haag 1946
C.R. Lepsius, Abhandlungen der Königlichen Akademie der Wissenschaften zu Berlin Jahrg. 1851
F. Maciejewski, Echnaton. Zur Korrektur eines Mythos, Berlin 2010

Ders. Psychoanalytisches Archiv und jüdisches Gedächtnis. Freud, Beschneidung und Monotheismus, Wien 2002
Th. Mann, Joseph und seine Brüder. Bd. III, Joseph in Ägypten, Frankfurt 1991
E. Meyer, Geschichte des Altertums, Nachdruck Darmstadt 1953
ders., Aegyptische Chronologie, Abhandlungen der Preussischen Akademie der Wissenschaften, Leipzig 1904
M. Müller, Die Kunst Amenophis III. und Echnatons, Basel 1988
F.G. Newton, Excavations at El´Amarnah 1923-24 in: Egyptian Archaelogy 10 (1924), S. 289-298
M. Noth, Das zweite Buch Moses, Exodus, Götingen 1958
A. Osman, Moses Pharaoh of Egypt. The Mistery of Akhenaten Resolved, London 1990
T.E.Peet/C.L. Woolley, The City of Akhenaten, Band 1: Excavations of 1921 und 1922 at El´Amrneh, London 1923
J.D.S. Pendlebury, The City of Akhenaten, Band 3: The Central City and the Official Quarters 1926/1927 and 1931/36, Memoir of the Egypt Exploration Society 44, London 1951
W.M. Flinders Petrie, Tell el- Amarna, London 1935
Ders. The City of Akhenaten I-III, London 1923,1933 und 1951
J.B. Pritchard, Ancient Near Eastern Texts Relating to the Old Testament, Princeton 1955
W.H.C. Propp, Exodus 1-18, New York 1999
D.B. Redford, Akhenaten, The Heretic King, Princeton 1984
ders., History and Chronology of the Eighteenth Dynasty of Egypt, Toronto 1967
ders., The Hyksos Invasion in History and Tradition, Orientalia 30 (1970), S. 1-51
ders., Pharaonic King Lists, Annals and Day Books, A Contribution to the Study of the Egyptian Sense of History, Mississauga 1986
ders. The Monotheism on the Heretic Pharaoh. Biblical Archaelogy Review XIII; may-June (1987), S. 16-32
ders. Canaan and Israel in Ancient Times, Princeton 1993
N. Reeves, Echnaton,Ägyptens falscher Prophet, Mainz 2001
ders. Akhenaten, Egypts False Prophet, London 2005
R.M. Rilke; Werke Band II, Frankfurt 1982
N.A. Sarnah, . The Egyptian Sojourn and the Exodus, Washington 1999
P. Schäfer, Judenhass und Judenfurcht, Berlin 2010
ders. Die Manetho- Fragmente bei Josephus und die Anfänge des antiken Antisemitismus in G.W. Most, Collecting Fragments- Fragmente Sammeln, Göttingen 1997, S. 186-206
H.A. Schlögl, Echnaton, Tutanchamun, Daten, Fakten, Literatur Wiesbaden 1985
ders., Amenophis IV, Echnaton, Reinbeck 1986
ders., Echnaton 6. Aufl. Hamburg 2004
W.H. Schmidt, Exodus, Neukirchen- Vluyn 1974ff.
Ders., Exodus, Sinai und Mose, Darmstadt 1983
T. Schneider, Ausländer in Ägypten während des Mittleren Reiches und der Hyksoszeit I, Die ausländischen Könige ÄAT 42,1998,76-98
ders., Lexikon der Pharaonen, 2. Aufl. Zürich 1997
ders., Ausländer in Ägypten und Altes Testament 42, Wiesbaden 1998
F. Siegert, Flavius Josephus, Über die Ursprünglichkeit des Judentums, Göttingen 2008
R. Silverberg, Akhenaten, the Rebel Pharaoh, Philadelphia 1964

M. Stern, Greek and Latin Authors on Jews and Judaism, 3 Bände Jerusalem 1974-1984
Chr. Tietze, Amarna, Lebensräume – Lebensbilder – Weltbilder, Ausstellungskatalog zur Ausstellung, Echnaton und Amarna, Wohnen im Diesseits, Ausstellung im Römisch-Germanischen Museum der Stadt Köln vom 31.5. bis 26.10.2008, Potsdam 2008
G.P. Verbrugghe/J.M. Wickersham, Berossos and Manetho, Ann Arbor (Michigan) 2000
J. von Beckerath, Abriss der Geschichte des Alten Ägypten, München- Wien 1971
F.R. Walton, Diodorus of Sicily, Cambridge 1967
A.E.P. Weigall, The Life and Times of Akhenaton, Pharaoh of Egypt, Edinburgh/London 1910
ders., Echnaton, König von Ägypten und seine Zeit, Basel 1923
R. Weill, La Fin du Moyen Empire Egyptien, Paris 1918
St. Wenig, Amarnakunst in LÄ I 1975 S. 174ff

Anmerkungen

1 H.A. Schlögl, Echnaton, S.135
2 H.A. Schlögl, Echnaton, S.136
3 H.A. Schlögl, Echnaton, S.136
4 S. Freud, Der Mann Moses und die monotheistische Religion, S. 39
5 A. Weigall, The Life and Times of Akhenaten, Pharaoh of Egypt; J. Assmann, Moses der Ägypter, S. 47
6 Urkunden des ägyptischen Altertumes IV, Urk. IV 1968, S. 3-17
7 Schlögl, Echnaton S. 30; G. Höher-Kamel, Kemet 1/2002, S. 5ff
8 C. Aldred, Echnaton, Gott und Pharao S. 145ff; J. Budko, Kemet 1/2002, S.36; H. Schäfer, Amarna in Religion und Kunst S.39f;Schlögl, Echnaton S.86f; W. Wolf, Die Kunst Ägyptens, Gestalt und Geschichte, S. 146
9 Budka, Kemet 1/2002 S. 37;C. Aldred, Ennaton S.148; A.L. Burridge, JEA 23 (1998) S.151
10 Höher- Kamel, Kemet 1/2002 S. 7; Hornung, Echnaton S. 41; Schlögl, Echnaton, S. 40
11 Ein Hinweis zur Schreibweise. Diese ist in verschiedenen Schriften uneinheitlich: Mal mit Bindestrich, mal ohne oder zusammengeschrieben. Hier wird die Form mit Bindestrich gewählt. Die Schreibweise in Zitaten wurde allerdings nicht geändert, sondern in ihrer jeweiligen Quellform gelassen.
12 Höher-Kamel, Kemet 1/2002 S.6; Schlögel, Echnaton S. 40; Maciejewski, Echnaton, S.100f
13 Maciejewski, Echnaton, S.167
14 Maciejewski a.a.O S. 183
15 Maciejewski a.a.O. S. 62
16 Maciejewski a.a.O. S. 74ff
17 W. Grajetzki, Kemet 1/2002,15f; T. Kühn, Kemet 1/2002 S.22f;F. Maciejewski, Echnaton S.115f; Maciejewski a.a.O. S. 97f, danach fiel die Hochzeit Echnatons und Nofretete mit dem Sedfest zusammen, die Töchter Meritaton wurde im 4. Regierungsjahr, Maketaton im 5. Regierungsjahr sowie Anchesenpaaton im 6. oder 7. Regierungsjahr geboren.
18 Maciejewski a.a.O.149
19 Kemet 4/1994 S. 32; Ausstellungskatalog Nofretete-Echnaton, München Nr. 46
20 Kemet 4/1997 S. 33
21 Maciejewski a.a.O. S. 113
22 Maciejewski a.a.O. S. 114
23 Maciejewski a.a.O. S. 118f
24 Maciejewski a.a.O. S. 30
25 Höher-Kamel, Kemet 1/2002, S. 9, Theben Grab Nr. 53
26 C. Aldred, Echnaton, S. 198
27 C. Aldred, Echnaton, S. 200
28 Höher-Kamel, Kemet 1/2002 S. 8; Hornung, Echnaton, S. 20, 29f, 41f
29 Höher-Kamel, Kemet 1/2002 S.9f; Hornung, Echnaton, S. 59f
30 J. Assmann, Mosaische Unterscheidung, S. 57
31 Hornung, Echnaton, S. 62

32 Höher-Kamel,Kemet 1/2002 S. 11, Grabinschrift des Tutu
33 Höher- Kamel, Kemet 1/2002 S.11; Schlögl, Echnaton, S. 53
34 Höher-Kamel, Kemet 1/2002 S. 12, Hymnus zum Sonnenuntergang
35 Höher-Kamel, Kemet 1/2002 S.12; Norman de G. Davies, The Rock Tombs of El Amarna, Band 6, Tombs of Parennefer, Tutu and Ay
36 Hornung, Echnaton, S.88 Schlögl. Echnaton S.91; Höher-Kamel, Kemet 1/2002, S.12
37 Höher-Kamel 1/2002 S.11; Hornung, Echnaton S. 105f
38 Maciejewski a.a.O. S. 257
39 Hornung, Echnaton S. 69; N. Reeves, Akhenaten S. 103; Schlögl, Echnaton S. 58; C. Tietze, Amarna Ausstellungskatalog Köln, S. 38ff die Anlage der Stadt
40 Tietze a.a.O. S. 40
41 Tietze a.a.O. S. 41f
42 Tietze a.a.O.S. 40
43 Tietze a.aO. S. 41
44 Tietze a.a.O S. 41
45 Schlögl, Echnaton S. 58; Urk. IV 1968,3-17
46 Schlögl, Echnaton S. 60; Urk. IV 1972,4-1973,7
47 Schlögl, Echnazon, S. 60; Urk. IV 1972,4-1973,7
48 Tietze a.a.O. S. 45; P. Vomberg, Ausstellungskatalog Köln, Kult und Architektur, S. 66f.
49 Schlögl, Echnaton S. 62; Urk. IV 1973,11-20
50 Schlögl, Echnaton, S. 62; Urk. IV 1974,3-19
51 Schlögl, Echnaton, S. 62; Urk. IV,1974,3-19
52 Schlögl, Echnaton S. 63; Urk. IV 1975,2-6
53 Höher-Kamel, Kemet 1/2002 S. 8
54 Tietze a.a.O. S. 45f
55 Tietze a.a.O. S. 60f
56 Schlögl, Echnaton, S. 62; Urk. IV 1974,3-19
57 Schlögl, Echnaton S. 121
58 Schlögl, Echnaton S.66; N.de G. Davies, The Rock Tombs of El Amarna, Bd. III, S. 32
59 Jomard, Bd. IV S. 285ff
60 Lepsius, Abhandlungen der Königlichen Akademie der Wissenschaften zu Berlin, Jahrg.1851, S. 157ff.
61 Schögl, Echnaton, S.100f;
62 Schlögl, Echnaton, S. 105; Smith, The Fortress of Buhen, S. 124f
63 Schlögl, Echnaton, S. 100f
64 Schlögl, Echnaton, S. 105; Smith, The Fortress of Buhen, S. 124f
65 Hornung, Echnaton, S.122f;Schlögl, Echnaton, S.110f; Aldred,Echnaton, S. 270f
66 Höher-Kamel, Kemet 1/2002 S. 14; Schlögl, Echnaton, S. 121
67 Schlögl, Echnaton, S. 29,135
68 Aldred, Echnaton, S. 13
69 Hornung, Echnaton, S. 20
70 Rilke, Werke Bd. II S. 227f
71 Psalm 104,20-25 nach Luther Übersetzung
72 Schlögl, Echnaton, S. 95
73 Hornung, Echnaton, S.97f
74 Assmann, Moses, S.220f
75 Assmann, Moses, S.220f

76 Maciejewski a.a.O. S. 30,218
77 Höher-Kamel Kemet 1/2002 S.11; Jansen-Winkeln, Das Ende des Neuen Reiches, ZÄS 119(1992)S.22f; von Beckerath, Abriss der Geschichte Ägyptens S. 46J.
78 Aldred, Echnaton S.87f; Höher-Kamel, Kemet 1/2002 S. 13; Hornung, Echnaton, S. 125f; Reeves, Akhenaten, S.178; Schlögl, Echnaton, S.110
79 Pap. Leiden I 344 vso II 8-9; Zandee, Amunshymnus, S. 120-126
80 Assmann, Moses, S. 23, 218
81 Assmann, Moses, S. 218
82 Josephus Flavius: Kleinere Schriften, übersetzt von H. Clementz (1901), Nachdruck Wiesbaden 1995
83 Assmann, Moses, S. 55
84 Schäfer, Die Manetho Fragmente bei Josephus in Most, Collecting Fragments, Fragmente Sammeln Göttingen 1997, S. 186-206
85 Assmann, Moses, S. 54f
86 Assmann, Moses, S. 71
87 Assmann, Moses, S. 289 Anm. 68; Krall, Sudien II, S. 87f
88 Assmann, Herrschaft und Heil S. 252, Anm. 523
89 Assmann, Herrschaft und Heil, S. 57
90 Schäfer, Judenhass und Judenfurcht S. 32; Assmann, Herrschaft und Heil S. 254
91 Assmann, Moses, S. 61
92 Aegyptiaca Historia bei Josephus, Contra Apionem I, 288-292; Stern, Greek and Latin Authors No. 178 Bd. I,419-421; Assmann, Moses, S. 61
93 Assmann, Moses, S. 62
94 Strabo, Geographica XVI 2,35; Stern, Greek and Latin Authors S. 294f; Assmann, Moses, S. 6
95 Historiae V,3-5; Stern, Greek and Latin Authors No. 281, II 17-63; Schäfer; Judaphobia, S. 31f
96 Boochs, Ägypten und die Bibel, S. 7
97 Boochs a.a.O. S. 9
98 Urk. I, 98-110, Wolf a.a.O. S. 56
99 Boochs a.a.O. S. 10f
100 Wolf a.a.O. S. 68; Gardiner, The Admonitions of an Egyptian Sage
101 Wolf a.a.O. S. 58ff; Erman, Literatur, S. 130-148; 151-157
102Brunner, Weisheitsbücher S. 185f; Helck, Die Lehre des Djedefhor und die Lehre eines Vaters an seinen Sohn; Wolf a.a.O. S. 190ff
103 Sethe, Lesestücke Nr. 22; Peet, The Stela of Sebekh-Khu
104 Boochs a.a.O. S.12; Blackman, Middle-Egyptian Stories; Wolf a.a.O. S. 77
105 Blackman a.a.O.
106 Blackman a.a.O.
107 Blackman a.a.O.
108 Blackman a.a.O.
109 Blackman a.a.O.
110 Boochs a.a.O. S.15
111 Boochs a.a.O. S.16
112 Boochs a.a.O. S. 18
113 P D´Orbiney; Gardiner, LES (Late Egyptian Stories), S. 9-30
114 Gardiner, Egyptian Hieratic Texts, P Anastasi VI.

115 Boochs a.aO. S.18f
116 Flavius Josephus, Contra Apionem 75-77(14)
117 Flavius Josephus, Contra Apionem 78(14)
118 Boochs a.a.O.S.28
119 Erman, Literatur, S. 263; Otto, Ägypten, S. 167
120 Boochs a.a.O. S. 41
121 Kitchen Ram. Inscr. IV, 12-19;Spiegelberg, Der Siegeshymnus des Merenptah auf der Flinders Petrie Stele, ZÄS 34 (1896)1-25
122 Erichsen, Pap Harris I, 76,9f
123 Erchsen a.a.O.
124 Gardiner, Late-Egyptian Stories (LAS) S.61f; Wolf, Ägypten, S. 157
125 Gardiner a,.a.O.
126 Gardiner a,.a.O.
127 Gardiner a.a.O.
128 Boochs a.a.O. S. 46
129 Boochs a.a.O. S. 47
130 Boochs a.a.O. S. 47
131 Boochs a.a.O. S. 48
132 Boochs a.a.O. S. 48
133 Assmann, Herrschaft und Heil, S. 249
134 Assmann, Moses, S. 31f
135 Assmann, Herrschaft und Heil, S. 245
136 Keller, Und die Bibel hat doch Recht, S. 102
137 Freud, Der Mann Moses, S. 33f
138 Assmann, Moses, S. 232
139 Freud, Der Mann Moses, S. 87
140 Finkelstein/Silberman, Keine Posaunen vor Jericho, S. 306ff, S. 368 m.w.N.
141 Assmann, Herrschaft und Heil, S. 245
142 Assmann, Moses, S. 60ff
143 Krauss, Das Moses Rätsel
144 Freud a.a.O. S. 33ff
145 Freud a.a.O. S. 25
146 J.H. Breasted, The Dawn of Conscience S. 350; Freud a.a.O. S. 26
147 Freud a.a.O. S. 42
148 Freud a.a.O. S. 39
149 Freud a.a.O,. S. 39
150 Freud a.a.O. S. 45
151 Freud a.a.O. S.70
152 Finkelstein/Silberman a.a.O. S. 61ff
153 R.E. Friedman, Wer schrieb die Bibel ? S. 64ff; Finkelstein/Silberman a.a.O. S. 22f
154 Assmann, Moses, S. 68
155 Finkelstein/Silberman a.a.O. S. 84
156 Finkelstein/Silberman a.a.O. S. 56; M. Noth, Überlieferungsgeschichte des Pentateuch
157 Finkelstein/Silberman a.a.O. S. 70f
158 Finkelstein/Silberman a.a.O. S. 71
159 Finkelstein/Silberman a.a.O. S. 72
160 Finkelstein/Silberman a.a.O. S. 61ff

161 Finkelstein/Silberman a.a.O. S. 49ff
162 Finklestein/Silberman a.a.O.
163 Finkelstein/Silberman a.a.O. S. 49f
164 Finkelstein/Silberman a.aO. S. 50
165 Assmann, Moses S. 54ff; ders. Herrschaft und Heil, S. 250ff
166 Assmann, Moses, S. 68, Assmann, Moses S. 54; ders. Die Mosaische Unterscheidung, S. 84; Krauss, Das Ende der Amarnazeit; Redford, The Hyksos Invasion in History and Tradition, Orientalia 39 (1970) S. 1-51
167 Maciejewski a.a.O. S. 290
168 H. Goedicke, The Canaanite illness, in Studien zur altägyptischen Kultur 11(1984) S. 91-105; nach Ansicht von Maciejewski soll es sich dabei um eine kleine Gruppe von in Ägypten verbliebener Hyksos handeln.
169 Assmann, Die Mosaische Unterscheidung, S. 90
170 Weill, La fin S. 22-68,76-83,111-45,605-23; Assmann, Moses, S. 60
171 Schäfer, Judenhass und Judenfurcht, S. 238
172 Assmann, Mosaische Unterscheidung, S. 89
173 Assmann, Moses, S. 60
174 Assmann, Herrschaft und Heil, S. 253
175 Assmann, Herrschaft und Heil, S. 251; ders. Moses S.49f
176 Aleida Assmann, Stabilisatoren der Erinnerung, Affekt, Symbol, Trauma; Assmann, Moses, S. 49
177 Assmann, Moses, S. 49
178 H. Goedicke, The Canaanite Illness, a.a.O. 11(1984) S. 91-105; Maciejewski, Echnaton ,S. 56
179 A.H. Gardiner Late Egyptian Stories S. 85ff
180 Assmann, Die Mosaische Unterscheidung, S. 88; ders. Moses, S.66
181 Assmann, Herrschaft und Heil S. 252; ders. Moses, S. 63
182 Maciejewski a.a.O S. 290
183 Maciejewski, Echnaton, S. 290; Assmann, Die Mosaische Unterscheidung, S. 89
184 Redford, Orientalia 39 (1970) S. 1-51
185 Assmann, Moses, S. 57
186 Assmann, Die Mosaische Unterscheidung, S. 89
187 Maciejewski, Echnaton, S. 292
188 Maciejewski, Echnaton, S. 294
189 Maciejewski, Echnaton, S. 295f
190 Funkenstein, Perceptions of Jewish History; Assmann, Moses, S. 59
191 Maciejewski, Psychoanalytisches Archiv S. 297; Assmann, Die Mosaische Unterscheidung, S. 94
192 Maciejewski, Psychoanalytisches Archiv, S. 300
193 Übersetzung nach F. Siegert, Flavius Josephus.
194 Siegert a.a.O. 75(14) S. 75
195 Siegert a.a.O. 78(14) S. 77
196 Siegert a.a.O. 80(14) S. 79
197 Siegert a.a.O. 84(14) S. 83
198 Siegert a.a.O. 90(14) S. 85
199 Siegert a.a.O. 92(14) S. 87
200 Siegert a.a.O. 101(15) S. 93

201 Siegert a.a.O. 102(15) S. 93
202 Siegert a.a.O. 103(16) S. 84
203 Siegert a.a.O. 104(16) S. 95
204 Siegert a.a.O. 105(16) S. 95
205 Siegert a.a.O. 232(26) S. 257
206 Siegert a.a.O. 234(26) S. 258
207 Siegert a.a.O. 236(26) S. 259
208 Siegert a.a.O. 238(26) S. 260
209 Siegert a.a.O. 242(26) S. 262
210 Siegert a.a.O. 247(26) S. 265
211 Siegert a.a.O. 251(27) S. 267
212 Siegert a.a.O. 253(27) S. 268
213 Siegert a.a.O. 259(28) S. 272
214 Siegert a.a.O. 262(28) S. 274
215 Siegert a.a.O. 263(28) S. 274
216 Siegert a.a.O. 266(28) S. 275
217 Siegert a.a.O. 274(29) S. 280
218 Siegert a.a.O. 278(30) S. 281
219 Siegert a.a.O. 280(31) S. 282
220 Siegert a.a.O. 286(31) S. 284
221 Siegert a.a.O. 287(31) S. 285